舞蹈基础与训练

主　编　杜　颖　董双玲
副主编　刘　丽
动作示范　彭甜甜　陈婷秀　何沐霏

中国·武汉

内 容 提 要

本教材以师范院校学前教育专业和小学教育专业的人才培养方案为依据,结合现代"互联网+"创新性思维教学的特点,立足学生个体化发展,做到因材施教。教材里专业理论知识与导学图片、视频相结合,真正做到了理论与实践的高度融合,增强了学习者的兴趣,提高了学习的效率。本教材内容共有五章:第一章舞蹈基本理论知识,对舞蹈的定义、起源、特点及其发展进行了阐述,并对舞蹈的分类及常用术语和记录方法进行了归纳;第二章芭蕾基础训练,以芭蕾形体训练为基础,包括地面、把上、中间的柔韧、力度、控制等综合能力训练;第三章中国古典舞训练,主要包含古典舞身韵和古典舞的基础动作学习;第四章中国民族民间舞,本着"少而精"的原则,选择了藏族、汉族、蒙古族、维吾尔族和傣族这五个民族的舞蹈进行内容讲解,主要包括民族舞蹈的理论知识、基本律动、基本动作及成品学习;第五章儿童舞蹈创编,阐述了儿童舞蹈的概念、特点及教育意义,对儿童舞蹈的基础训练及创编进行了全面的讲解。

本教材各章基本上由学习目标、理论知识、基本动作、基本组合、综合组合、课后思考与练习等组成。专业理论知识配合相应的图片与学习视频,满足不同基础的学员的学习要求,使得专业技能学习变得轻松而不失乐趣。

图书在版编目(CIP)数据

舞蹈基础与训练/杜颖,董双玲主编. —武汉:华中科技大学出版社,2021.4(2024.2重印)
ISBN 978-7-5680-7017-1

Ⅰ.①舞… Ⅱ.①杜… ②董… Ⅲ.①学前教育-儿童舞蹈-教材 Ⅳ.①G613.5

中国版本图书馆 CIP 数据核字(2021)第 053523 号

舞蹈基础与训练 杜 颖 董双玲 主编
Wudao Jichu yu Xunlian

策划编辑:袁 冲	
责任编辑:段亚萍	
封面设计:孢 子	
责任监印:朱 玢	
出版发行:华中科技大学出版社(中国·武汉)	电话:(027)81321913
武汉市东湖新技术开发区华工科技园	邮编:430223
录 排:创易图文工作室	
印 刷:武汉市洪林印务有限公司	
开 本:787 mm×1092 mm 1/16	
印 张:11	
字 数:281千字	
版 次:2024年2月第1版第3次印刷	
定 价:39.00元	

本书若有印装质量问题,请向出版社营销中心调换
全国免费服务热线:400-6679-118 竭诚为您服务
版权所有 侵权必究

前言

党的十八大以来,习近平总书记高度重视立德树人在教育中的主要地位和作用,多次强调要坚持把立德树人作为学校教育的根本任务,培养德智体美劳全面发展的社会主义建设者和接班人。

《教育部关于实施卓越教师培养计划 2.0 的意见》(教师〔2018〕13号)指出,要培养素质全面、专长发展、擅长保教的卓越小学、幼儿园教师。《教育部关于切实加强新时代高等学校美育工作的意见》(教体艺〔2019〕2号)也指出,高校美育要以艺术教育的改革发展为重点,紧紧围绕高校普及艺术教育,深化美育教学改革,推进文化传承创新,切实改变高校美育的薄弱现状,遵循美育特点,以美育人、以美化人、以美培元,培养德智体美劳全面发展的社会主义建设者和接班人。为了响应国家号召,积极推进高校课程和教材改革,进一步加强师范生的美育工作,我们编写了这本舞蹈教材。

汉江师范学院办学一直以教育学学科和教师教育专业见长,保持有艺术陶冶的育人文化。本教材是以师范院校学前教育专业和小学教育专业的人才培养方案为依据,根据湖北省一流专业、"荆楚卓越人才"协同育人计划项目对课程的基本要求,从学生专业发展需要出发,着眼于学生的特色技能的培养,结合现代"互联网+"创新性思维教学的特点,经过八年多时间不断实践、探索、修订出来的成果。

本教材的内容共有四部分。第一部分,也就是第一章,为舞蹈基本理论知识,共有四节:第一节舞蹈的定义、起源及其发展概述、第二节舞蹈的基本特性、第三节舞蹈的分类、第四节舞蹈的常用术语及记录方法。第二部分为舞蹈基础训练,包括第二章和第三章。第二章芭蕾基础训练:第一节芭蕾舞的基本特征及手位与脚位、第二节芭蕾舞地面训练、第三节芭蕾舞把上训练、第四节芭蕾舞中间训练。第三章中国古典舞训练:第一节中国古典舞基本功训练、第二节中国古典舞身韵。第三部分,也就是第四章,为中国民族民间舞,包括:第一节藏族民间舞、第二节汉族东北秧歌、第三节蒙古族民间舞、第四节维吾尔族民间舞、第五节傣族民间舞。第四部分,即第五章儿童舞蹈创编,包括:第一节儿童舞蹈概述、第二节儿童舞蹈基本动作、第三节儿童舞蹈教学方法、第四节儿童舞蹈创编。

本教材与传统的舞蹈类教材相比,优势在于紧跟时代的步伐,充分与现代教育技术相结合,不仅有文字、图片等内容,还加入了舞蹈视频内容,录制的舞蹈视频均为原创,部分视频是在线精品课程视频,让很多仅凭文字不好理解的内容通过视频的形式来直观展现,文字教材和视频动作相结合能让读者更好地理解实践课程的重难点,从而轻松掌握、快乐学习。

教材中所有的动作示范都由汉江师范学院学前教育专业和小学教育专业学生完成,在培养学生特色技能的基础上与专业发展需求相结合,进一步加强师范生的美育工作,为步入教育岗位奠定基础。

本教材由汉江师范学院杜颖任第一主编、董双玲任第二主编,荆州理工职业学院的刘丽任副主编。具体编写分工如下:第一章由杜颖编写,第二章、第三章由杜颖、董双玲编写,第四章由董双玲编写,第五章由刘丽编写,最后由杜颖、董双玲统稿。

在教材内容的选择上,我们参阅了国内外舞蹈学者的大量研究成果,包括教材、著作和其他文献等;在教材编写过程中,汉江师范学院教育学院领导、艺术教研室同行等给予了大力的支持,在此,我们一并表示衷心的感谢!由于参与的模特很多,就不一一列举,在此,我们衷心地感谢所有模特的辛苦付出!

由于编者的理论水平和实践能力有限,编写教材的时间也比较仓促,书中的一些不足之处和疏漏在所难免,我们会进一步修改和完善,敬请相关专家和读者批评指正。

编 者

2020 年 7 月

第一部分	舞蹈基本理论知识 …………………… (1)
第一章	舞蹈基本理论知识 ……………………… (2)
第一节	舞蹈的定义、起源及其发展概述 ……… (2)
第二节	舞蹈的基本特性 ………………………… (5)
第三节	舞蹈的分类 ……………………………… (6)
第四节	舞蹈的常用术语及记录方法 …………… (11)

第二部分	舞蹈基础训练 ………………………… (17)
第二章	芭蕾基础训练 …………………………… (18)
第一节	芭蕾舞的基本特征及手位与脚位 …… (18)
第二节	芭蕾舞地面训练 ………………………… (24)
第三节	芭蕾舞把上训练 ………………………… (30)
第四节	芭蕾舞中间训练 ………………………… (44)
第三章	中国古典舞训练 ………………………… (47)
第一节	中国古典舞基本功训练 ………………… (47)
第二节	中国古典舞身韵 ………………………… (68)

第三部分	中国民族民间舞 ……………………… (75)
第四章	中国民族民间舞 ………………………… (76)
第一节	藏族民间舞 ……………………………… (76)
第二节	汉族民间舞:东北秧歌 ………………… (83)
第三节	蒙古族民间舞 …………………………… (92)

第四节　维吾尔族民间舞 ………………（100）

　　第五节　傣族民间舞 ……………………（111）

第四部分　儿童舞蹈创编 ……………………（123）

第五章　儿童舞蹈创编 ………………………（124）

　　第一节　儿童舞蹈概述 …………………（124）

　　第二节　儿童舞蹈基本动作 ……………（127）

　　第三节　儿童舞蹈教学方法 ……………（152）

　　第四节　儿童舞蹈创编 …………………（156）

参考文献 ………………………………………（170）

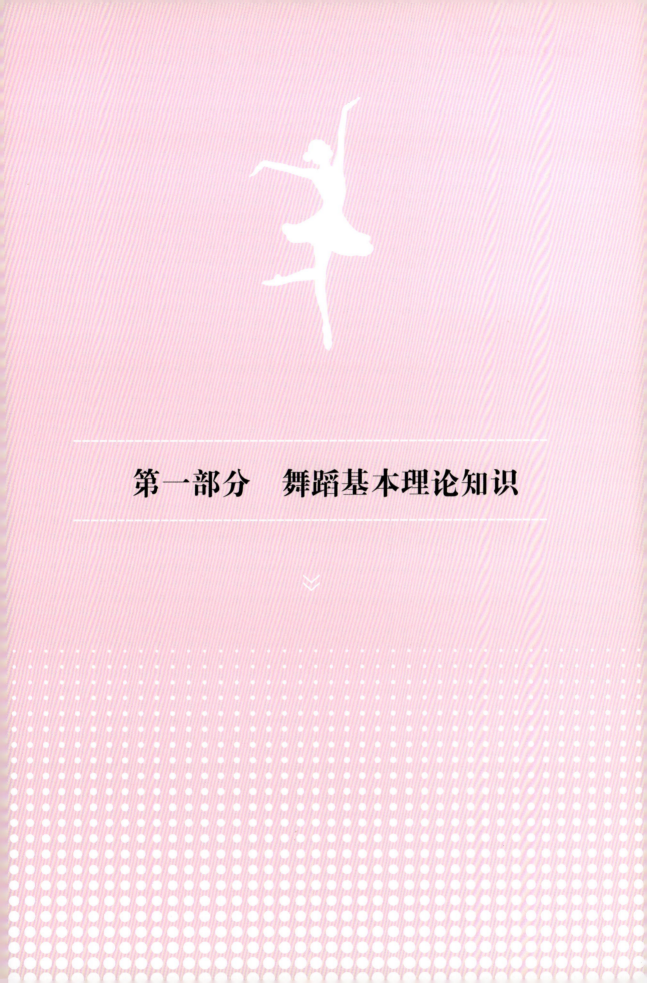

第一部分　舞蹈基本理论知识

第一章

舞蹈基本理论知识

1.学习舞蹈的定义、舞蹈的起源以及舞蹈的发展概况,了解并掌握舞蹈的基本特征与分类。

2.掌握舞蹈常用的基本术语和常用队形,能熟练地运用到舞蹈的学习和教学实践中,进一步提高学生的学习能力。

3.通过本章的学习,激发学习舞蹈的兴趣和热情,提升舞蹈的艺术修养。

第一节 舞蹈的定义、起源及其发展概述

一、舞蹈的定义

《辞海·艺术分册》对舞蹈的解释为"以经过提炼、组织和艺术加工的人体动作为主要表现手段,表达人们的思想感情,反映社会生活的艺术形式"。其基本要素是动作姿态、节奏和表情。任何一门艺术都是在表达人的情感,舞蹈家使用特殊的舞蹈语言符号——身体姿态来抒发情感。舞蹈是诸多艺术门类中表达人类情感最直接、最炽热、最激昂的一种。舞蹈是用身心关系和动觉表象来实现人类超越生活与现实的审美情感、审美理想、审美意向和艺术想象的艺术形态与艺术形式。舞蹈是于三度空间中以身体为语言作"心智交流"现象之人体的运动表达艺术,一般有音乐伴奏,以有节奏的动作为主要表现手段,它一般借助音乐,也借助其他的道具。舞蹈本身有多元的社会意义及作用,包括运动、社交、祭祀、礼仪等。舞蹈作品中的舞蹈动作具有一定的技艺性,舞蹈演员要具备跳跃、旋转、翻腾、柔软、控制等高难度的技巧、能力,但是,在舞蹈作品中高难度的技巧动作本身不是目的,而是一种表现人物思想感情、塑造人物性格和精神面貌的手段。如果在舞蹈作品中,以手段作为目的,演员高超的

技艺不以反映生活、表现人物的思想感情为其存在的前提,或是不从舞蹈内容出发选取相应的舞蹈动作技巧,而是从展示演员所掌握的舞蹈技巧能力出发,那就会使舞蹈作品由于内容和形式的脱节,或是缺乏艺术的完整性,而陷于失败,舞蹈演员的技艺本身也就沦为杂技性的技巧表演,而丧失了舞蹈艺术的基本品格。

二、舞蹈的起源

在中外舞蹈界,各国学者对舞蹈的起源进行过各种探索,有巫术说、游戏说、模仿说、情爱说,等等。他们从不同角度对舞蹈的发生进行了探索,但任何观点都不能认为是唯一的探索,原始舞蹈还没有清晰的准则,它是各种因素相互作用的产物。混混沌沌地尽情发泄情感,生存欲望得到满足的情感与意识的表现,是原始人类舞蹈的主要精神与实践活动的特点。我国有很多学者主张舞蹈起源于劳动的理论,认为舞蹈与诗歌、音乐结合在一起,是人类历史上最早产生的艺术形式之一。舞蹈作为一门既古老而又充满青春活力的艺术,伴随着人类文明的不断进步而繁衍生息,流传至今。在人类文明起源前,舞蹈在仪式、礼仪、庆典和娱乐方面都十分重要。

三、舞蹈的发展概述

中国舞蹈在历史发展的进程中,随着社会制度的进步和人们审美需求的提高,经历了不同时期的各种历史转型,从原始娱神与娱人的宗教性、雅俗共赏的歌舞性、戏曲表演的程式性和当代舞蹈的专业性等几个渐次的变化,我们可以获知中国舞蹈发展的一些规律。

中国舞蹈最初的形态只具备了"娱神"的单项功能,其原形结构则为原始的宗教礼俗。这些特征从我国目前发现的古代崖画舞蹈图中可以略见一斑。

原始社会时期,舞蹈是原始人生活中的一部分,并不是出于审美的目的,而是出于原始生活的需要,那时的舞蹈主要表现在图腾崇拜、祭祀祈神、生殖崇拜、狩猎仪式等领域。图腾是原始先民氏族神的标记,每个氏族都有自己的图腾崇拜和图腾信仰,图腾崇拜渗透到原始先民生活的各个领域,生活在图腾崇拜下的原始先民,用舞蹈的形式来表现图腾仪式中他们的思想和行为。我国各民族之所以有众多的模拟鸟兽的舞蹈,与原始图腾崇拜的文化基因是密切联系的。中国民族民间舞蹈也是从这里开始起步的,从这里可以寻求到其文化原形结构。

随着人类社会历史的不断前进,奴隶社会制度和封建社会制度相继建立,舞蹈也逐渐地告别了它的原始形态。如果说原始社会先民们的最初舞蹈是生命形态的原始记录的话,那么,到了奴隶社会,先民们不自觉地从原始时期的那种神秘崇高的生命形态中走出来,舞蹈从全民性的活动逐渐演变为一部分人的艺术活动和宗教政治活动。至此,中国舞蹈开始"娱神"与"娱人"的双重纵深发展。这类舞蹈主要表现在周代的巫术舞蹈、傩舞和汉代的百戏类舞蹈。

巫术舞蹈是巫术祭祀仪式中的舞蹈,是原始宗教信仰的产物,舞者和祭祀者希望通过祈祷、献祭等行为,求得与神灵的相通,达到一种"天人合一"的境界。傩舞也是一种以驱鬼逐疫为目的的祭祀仪式,历经历史的洗礼至今还盛行在我国民间,逐渐发展成今天的"傩戏"。

汉代的"百戏"是一种包含音乐、舞蹈、杂技、武术、滑稽戏等多种民间技艺的综合性的演出形式,民间舞蹈成为宫廷乐舞的主要内容,舞蹈通常融于"百戏"中表演,舞蹈过程中的以舞说戏、依戏作舞的表演,成为中国早期戏曲艺术形式的源头。

唐代舞蹈在整个中国古代舞蹈发展史中具有很高的历史成就,以其宏大的演出规模,纳多国、多民族的舞蹈演出模式,以及雅俗共赏的姿态赢得了世人的喜爱,从宫廷的最高统治者到民间的老百姓无不好之,达到了一种顶峰时代。

宋代舞蹈在历史的转折面前独辟蹊径,以其独特的方式创造出新的舞蹈的划时代历史,那就是具有程式性特征的"队舞",创造了一种新的舞蹈形式。王建《宫词一百首》有云:"青楼小妇砑裙长,总被抄名入教坊。春设殿前多队舞,朋头各自请衣裳。"这就是有关队舞的历史文献记载。

明清时期由于戏曲艺术的发展,舞蹈作为戏曲艺术表现的手段之一,戏曲表演的程式性特征决定了舞蹈表现的舞姿身段的固定性,形成了戏曲舞蹈的高度程式性和综合性的美学特点。

自远古到明清,中国舞蹈在世纪更替的过程中,承传着舞蹈的精髓和内涵,融合在当代的社会火炉之中,中国舞蹈从明清戏曲舞蹈综合性的形式中走了出来,直接凭借人体身段去表现现实生活和人们的精神情感,将中国舞蹈推向了新世纪的辉煌。中国当代舞蹈是以专业性的舞蹈作品和专业舞蹈表演而著写舞蹈历史的,先后出现了裕容龄、黎锦晖、吴晓邦、戴爱莲、贾作光等著名舞蹈家和一系列的舞蹈精品。专业的舞蹈家队伍和专业的舞蹈作品是从这个时期开始发展并壮大的,专业的舞蹈教育也是从新中国成立以后开始蓬勃发展的,以1954年北京舞蹈学校(现北京舞蹈学院的前身,1978年改制)的成立为标志。

总之,中国舞蹈自先秦以来,历经几千年的变化,先后经历了先秦诗乐舞三位一体的女乐舞蹈和雅舞、汉代的道具舞和舞象、唐代的燕乐舞蹈、宋代的队舞、明清时期的戏曲舞蹈、当代的专业舞蹈和舞蹈教育。所有这些在表现形式的演变上,是一个渐次演进、符合艺术发展规律的过程。

课后思考与练习

1. 列举一位中国近现代舞蹈史上的著名人物,浅析其主要代表作及艺术风格。
2. 浅析戏曲与舞蹈的关系。

第二节 舞蹈的基本特性

舞蹈是以人体动作为主要艺术表现手段,并结合音乐、舞台美术等艺术表现手段,来表现人的思想感情的一种艺术形式。其特性有以下几种。

一、直觉性

舞蹈形象主要是通过人们的眼睛这一视觉器官来进行审美感知的,它是一种直观的艺术形象。舞蹈艺术直觉性的特点决定了舞蹈作品所要表达的一切必须通过现在时的艺术形象用人物的行动和动作直接地呈现在舞台上,这样才便于观众的理解。

二、动作性

舞蹈艺术最基本的特性之一是动作性,舞蹈形象是直觉的艺术形象,它不同于静止状态的雕塑、绘画等艺术的直觉形象,是不间断的流动状态的直觉形象。每一个舞蹈作品都是由一系列舞蹈动作所组成的舞蹈语言不停地变化、发展来完成的。舞蹈艺术的动作性一般分为说明性、表现性和装饰性。

三、节奏性

明代律学家朱载堉在《乐律全书》中说:"凡人之动而有节者,莫若舞。"舞蹈都是有节奏的,没有节奏就没有舞蹈,节奏是构成舞蹈艺术的要素之一。那么什么是节奏呢?节奏是人们对时间的一种知觉,它是客观现象的延续性、规律性和顺序性的反映。在舞蹈中,节奏一般表现为舞蹈动作力度的强弱、速度的快慢和能量的大小。

节奏分为内在节奏和外在节奏。内在节奏是人的各种情感在人的机体内部所引起的各种不同节奏的发展变化,如人在高兴或者兴奋的时候,血压上升、心跳加速和呼吸急促等。外在节奏又分为视觉节奏和听觉节奏。视觉节奏是视觉对象在空间上做有规律的变化,如线条由短及长等。听觉节奏是听觉对象在时间上做有规律的变化,如音的强弱、高低、长短等。

四、抒情性

抒情性是舞蹈艺术的内在本质属性,也是舞蹈艺术的重要特征。舞蹈长于抒情,拙于叙事。它不像电影、小说和话剧等艺术形式那样善于描述故事、情节,舞蹈很难将一段语言文字所包含的全部内容清楚地表现出来,不善于直接模拟现实生活中的烦琐细节,但是它对人的丰富、复杂的情感和内在的精神世界的表现力很强。

五、造型性

造型性是具有美感形式的最基本的条件和主要因素,造型动作其实就是典型性的动作,它是经过提炼和美化了的最生动、鲜明,最具表现力的舞蹈动作。舞蹈艺术的造型性是由两部分内容所构成:一是人体动作姿态的造型;二是舞蹈队形、画面的造型构成,即舞蹈意境的构图。

六、综合性

舞蹈艺术是一门综合性的艺术,它综合了音乐、文学和绘画等艺术的要素,我国舞蹈艺术家吴晓邦指出:"舞蹈是综合了文学、绘画和音乐这三种艺术的要素而成长起来的一种水乳交融、密不可分的综合性艺术。"舞蹈与音乐关系最为密切,一个优秀的舞蹈作品一定有一首好的音乐。在舞蹈作品中美术也起着非常重要的作用,主要体现在灯光、布景、服装、化妆和舞蹈动作的造型性上。文学艺术在舞蹈艺术中也是不可缺少的,一个舞蹈作品要想具有明确的主题和有意义的立意,一定是和文学艺术相结合的。

舞蹈的基本特性有哪些?

第三节 舞蹈的分类

舞蹈的种类繁多,不同风格、不同样式和不同种类的舞蹈品种共同构成了舞蹈。根据目的和作用来划分,舞蹈可以分为两大类:一类是艺术舞蹈,一类是生活舞蹈。

一、艺术舞蹈

艺术舞蹈主要是为了表演给观众欣赏的舞蹈,它是指舞蹈家通过艺术创作在舞台上表演的舞蹈作品。这类作品主题鲜明,有生动典型的艺术形象,构思完整,并且由少数人在舞台或广场上表演,供广大群众欣赏。

(一)根据舞蹈的表现形式划分

舞蹈根据其表现形式可以分为独舞、双人舞、三人舞、组舞、群舞、歌舞、歌舞剧和舞剧等。

1. 独舞

独舞即单人舞，是由一个人表演完成的舞蹈。独舞由于人数上的限制，不太适合承担复杂的情节和重大的主题，大多数是用来直接抒发人物的思想情感和揭示人物的内心世界。

独舞一般分为两类：一类是结构完整的独立舞蹈作品；一类是大型舞蹈和舞剧中的重要组成部分，是用来刻画人物的主要手段。独舞对演员的表演素质和技术水平要求较高，通常选择各方面发展全面的演员来表演。

2. 双人舞

双人舞即由两个人合作表演共同完成一个主题的舞蹈。双人舞主要是在表现两人之间的关系，它对演员的要求较高，要求两名舞蹈演员外形比例要适度，表演时情感交流要默契，同时在完成舞蹈动作时要相互烘托、互补。

3. 三人舞

三人舞是由三个人合作表演共同完成一个主题的舞蹈，分为两类：一类是结构完整的独立的舞蹈作品，一类是舞蹈和大型舞剧中的组成部分。三人舞根据表现内容又可分为三种不同类别：一类是表现单一情绪，一类是表现一定情节，一类是表现人物之间的戏剧矛盾冲突。

4. 组舞

组舞是由若干舞蹈组成的比较大型的舞蹈作品，其中每一个舞蹈有相对的独立性，但它们又都统一在一个共同的主题和完整的艺术构思之中。一般在大型舞剧中，为了丰富舞剧色彩，加强舞蹈化并且表现特定的内容，便采用组舞的形式来表现。

如哈萨克族组舞《幸福的草原》，由少女的"纱巾舞"、老人的"诙谐舞"、妇女们的"妈妈舞"、男青年的"牧人舞"以及特有的表现哈萨克族青年爱情和骑技竞赛的"姑娘追"5段组成。它通过不同人物、不同风格、不同节奏的舞蹈，表现了哈萨克族人民的性格和丰富多彩的生活，而这些内容又都统一在"幸福的草原"这一主题之中。

5. 群舞

群舞是由四人以上共同表演的舞蹈，一般多表现某种概括的情绪或塑造群体的形象。群舞可分为两类：一类是多数人共同表演的结构完整的独立的舞蹈作品，一类是大型舞剧的重要组成部分。

群舞与单人舞、双人舞和三人舞相比，它的优势在于可以调动的舞蹈表演因素较丰富，可以通过舞蹈的队形、画面的流动等方式创造出更加强大的艺术效果。

6. 歌舞

歌舞是一种歌唱和舞蹈相结合的艺术表演形式。歌舞在我国一直占有重要的位置，从

古代乐舞到如今各民族的民间舞蹈,历史悠久。

歌舞既能叙事又能抒情,可以从视觉和听觉两方面进行审美的感知,通俗易懂,能表达比较细致复杂的思想感情和广泛的生活内容,具有较强的艺术表现力。中国汉族民间舞蹈打花鼓、打莲湘、采茶灯、唱春牛、二人转,蒙古族的安代舞,藏族的弦子舞等都属于这一类。

7. 歌舞剧

歌舞剧是以歌舞为主要艺术表现手段来展现戏剧性内容的综合性表演形式。歌舞剧在我国历史悠久,在古代歌舞剧一般通称戏曲,如唐代的《踏摇娘》等。在近现代歌舞剧中,有的是吸取了戏曲的艺术表现手法来表现新的人物和新的生活,有的则是在民间歌舞的基础上加入戏曲的内容。

8. 舞剧

舞剧是指以舞蹈为主要艺术手段,综合了舞蹈、音乐、戏剧和舞台美术等表现形式,表现一定戏剧内容的舞蹈作品。

根据舞剧的风格特点和历史发展的不同阶段,舞剧分为古典舞剧、历史舞剧、现代舞剧、神话舞剧、童话舞剧和民族舞剧。舞剧根据规模大小也可分为小型舞剧、中型舞剧、大型舞剧和独幕舞剧。舞剧还可以根据体裁分为喜剧、悲剧和正剧。

(二)根据舞蹈的风格特点划分

舞蹈按其风格特点划分,有古典舞、芭蕾舞、民间舞、现代舞和当代舞。

1. 古典舞

古典舞是指在民间传统舞蹈的基础上,经过历代专业工作者提炼、整理、加工、创造,并经过较长时期艺术实践的检验,流传下来的被认为具有一定典范意义和古典风格特点的舞蹈。一般来说,古典舞都具有严谨的程式、规范性的动作和比较高超的技巧。

我国古典舞流传下来的舞蹈动作大部分保存在戏曲艺术中,还有一些舞蹈姿态和造型保存在中国的石窟壁画、画像石、雕塑、陶俑、画像砖,以及各种出土文物上的绘画、纹饰舞蹈形象的造型中。我国的舞蹈家从20世纪50年代开始对中国古典舞进行研究、整理和创新,取得了很大的成绩,建立了一套中国古典舞教材,创作出一大批具有中国古典舞蹈风格的舞蹈和舞剧作品,形成了细腻圆润、刚柔相济、情景交融、技艺结合,以及精、气、神和手、眼、身、法、步完美谐和与高度统一的美学特色。世界上许多国家和民族都有各具独特风格的古典舞蹈,欧洲的古典舞蹈一般泛指芭蕾舞,印度的古典舞由卡塔克、婆罗多、曼尼普利、卡达卡利、奥迪西和库契普迪六大传统舞系组成。

2. 芭蕾舞

"芭蕾"一词是由法语"ballet"的音译得来的,是"跳"或"跳舞"的意思。芭蕾舞即欧洲的古典舞,它是在欧洲各地民间舞蹈的基础上,经过几个世纪的不断加工、丰富、发展而形成的,具有严格规范和结构形式的欧洲传统舞蹈艺术。芭蕾舞有一个重要的特征,就是女演员要穿特制的足尖鞋,用脚趾尖端跳舞,因此也有人称之为"脚尖舞"。其代表作品有《天鹅湖》《胡桃夹子》等。

芭蕾艺术起源于意大利,降生在17世纪后期路易十四的法国宫廷,18世纪在法国日臻完美,到19世纪末期,在俄罗斯进入最繁荣的时代。1661年,法国国王路易十四下令在巴黎创办了世界第一所皇家舞蹈学校,并确立了芭蕾的五个基本脚位和七个手位,使芭蕾有了一套完整的动作和体系。芭蕾舞传入中国的时间是20世纪20年代,一直到20世纪50年代后我国的舞蹈家们才开始系统地学习世界各国的芭蕾艺术,成立了芭蕾舞团,并且结合我国的传统文化,创作出具有中国特色的芭蕾舞剧,如《白毛女》《红色娘子军》等作品。

3. 民间舞

民间舞是在人民群众中广泛流传的,经过长期的历史进程,人们集体创作、不断积累形成的,具有鲜明的民族风格和地方特色的传统舞蹈形式。民间舞与人们的生活有着密切的联系,它直接反映劳动人民的生活,表现人民群众的思想感情、理想和愿望。它也是中国古代舞蹈的源头。

中国的民间舞蹈历史悠久,形式多样,种类繁多,其特点多是载歌载舞。中国有56个民族,每个民族都有具备其民族特色的舞蹈,如汉族舞蹈主要是"南灯北歌",即南方的花鼓花灯、北方的秧歌,比较有代表性的有东北秧歌、胶州秧歌、鼓子秧歌、云南花灯、安徽花鼓灯等;少数民族中有蒙古族的安代舞、维吾尔族的赛乃姆、藏族的"锅庄""弦子"、傣族的孔雀舞和朝鲜族的农乐舞等。我国的民间舞由于风格独特,深受世界各地人们的喜爱。

4. 现代舞

现代舞是20世纪初在西方兴起的一种舞蹈流派,它是与古典芭蕾相对立的舞蹈派别。现代舞的主要美学观点是反对古典芭蕾因循守旧、脱离现实生活和单纯追求技巧的形式主义倾向,主张摆脱古典芭蕾舞过于僵化的动作程式的束缚,以合乎自然运动法则的舞蹈动作自由地抒发人的真实情感,强调舞蹈艺术要反映现代社会生活。现代舞的创始人被公认为是美国的舞蹈家伊莎多拉·邓肯,她崇尚自然,主张"舞蹈家必须使肉体与灵魂相结合,肉体动作必须发展为灵魂的自然语言",自然地、真诚地抒发内心的情感。随着现代舞的不断发展,匈牙利人鲁道夫·拉班建立了一套系统、完整的现代舞理论和训练体系,被称为"自然法则的训练方法",他把人体动作的构成归纳为八大要素——砍、冲、压、扭、闪烁、滑动、飘浮、点打等,认为只要正确处理各要素之间的关系,就能组成各种不同的动作。

5. 当代舞

当代舞是20世纪50年代后的舞蹈创作和表演,是我国舞蹈家为了塑造当代人物形象和反映当代社会生活,根据表现舞蹈内容的需要,广泛地吸收和运用中国传统舞蹈素材和外来艺术素材,从而创造出的不同于以往的舞蹈风格的舞蹈,如《小溪·江河·大海》《再见吧!妈妈》等。

很多人不清楚当代舞和现代舞的区别,认为两者是一样的,其实它们是有区别的:现代舞主要是艺术家个性化的表达,追求先锋的前卫性和独特性,虽然也关心当下的社会性问题,但是它不与主流为伍,这样往往不被大众理解和接受;而当代舞与现代舞相比更具时代性,更加贴近生活,贴近大众的情感,也更容易受到人们的喜爱。

(三)根据舞蹈的表现特征划分

舞蹈按其表现特征可分为叙事性舞蹈、抒情性舞蹈和戏剧性舞蹈。

1. 叙事性舞蹈

叙事性舞蹈又称情节性舞蹈,其艺术特征是通过舞蹈中不同人物的行动所构成的情节事件来塑造人物,表现作品的主题内容。叙事性舞蹈一般比较短小,情节生动,有鲜明的人物形象,多采用夸张、拟人、比喻和模拟、再现的手法。

2. 抒情性舞蹈

抒情性舞蹈又称情绪舞,其艺术特征是在特定的环境中,以生动、鲜明的舞蹈语言来直接抒发人物的思想感情,以此来表达舞蹈家对生活的感受,如《春江花月夜》《草原女民兵》等作品。

3. 戏剧性舞蹈

戏剧性舞蹈又称舞剧,是以舞蹈为主要表现手段,表现一定戏剧内容的舞蹈作品。

二、生活舞蹈

生活舞蹈是指与人们日常生活紧密联系的舞蹈,这类舞蹈动作简单,没有高超的技术技巧,主要是舞者用于自娱或社交,具有广泛的群众性和普及性的舞蹈活动。生活舞蹈包括习俗舞蹈、宗教祭祀舞蹈、社交舞蹈、自娱舞蹈、体育舞蹈和教育舞蹈等。

1. 习俗舞蹈

习俗舞蹈又称节庆、仪式舞蹈,是我国许多民族在婚配、丧葬、收获、种植及其他一些喜庆节日所举行的,表现各个民族文化传统、风俗习惯、社会风貌和民族性格特征的群众性的舞蹈活动。它是各民族人民精神生活的重要组成部分,如土家族在丧葬仪式中跳的跳丧舞、朝鲜族人民为了庆祝丰收跳的农乐舞和彝族人民在婚礼仪式中跳的喜背新娘等。

2. 宗教祭祀舞蹈

宗教祭祀舞蹈是进行宗教活动的舞蹈形式,主要用以祈求神灵庇佑、逢凶化吉、除灾去病、人丁兴旺、五谷丰登或是答谢神灵的恩赐,是宗教仪式中必不可少的环节。宗教祭祀舞蹈是对超自然、超人间的神秘力量——"神灵"的一种形象化的再现,使无形之神成为可以被感知的有形之身,是神秘力量的人格化,如佛教的"打鬼",民间的巫舞、师公舞,满族的腰铃舞等。

3. 社交舞蹈

社交舞蹈是人们进行社会交往、增进友谊和联络感情的舞蹈活动,它是人们在文化生活中最具群众性的舞蹈活动,一般多指在舞会中跳的各种交际舞,也叫交谊舞,由民间舞蹈演变而成,舞蹈形式多为男女对舞,如傣族的泼水节、苗族的芦笙节等所进行的群众舞蹈活动。

国际流行的交谊舞主要有华尔兹、布鲁斯、狐步舞、快步舞、探戈舞、桑巴舞、伦巴等。

4. 自娱舞蹈

自娱舞蹈是人们以自娱自乐为主要目的的舞蹈活动。人们通过它可以宣泄自己内在的情感冲动,从而获得审美愉悦的满足。自娱舞蹈简单易学,不受时间、空间和人数的限制,具有广泛的群众性,如我国一些少数民族的民间舞蹈和汉族的民间舞蹈秧歌,以及西方的迪斯科、霹雳舞等,都是深受人们喜爱的自娱舞蹈。

5. 体育舞蹈

体育舞蹈是指舞蹈与体育相结合的,以艺术审美的方式锻炼身体,使身心全面健康发展的舞蹈新品种。如韵律操、健身舞、中老年迪斯科、水上舞蹈、冰上舞蹈,以及我们传统武术中的舞剑、舞刀和象征模拟各种动物、特定形象的象形拳、五禽戏等均是体育舞蹈。

6. 教育舞蹈

教育舞蹈是指幼儿园、学校对学生进行的审美教育的舞蹈活动以及开设的舞蹈课程。教育舞蹈可以陶冶和美化人的思想感情、道德情操,增强团队意识,增进身心健康,从而全面提高学生的素质。

课后思考与练习

舞蹈的种类有哪些?

第四节　舞蹈的常用术语及记录方法

一、舞蹈的常用术语

(一)舞蹈术语的定义

术语,又称专业语言,是指特定领域对一些特定事物的统一的业内称谓。舞蹈术语是学

习舞蹈过程中用的专业语言,是舞蹈学习的基本知识。

(二)舞蹈的常用术语

1. 基训

基训是对舞蹈学习者基本能力的训练,如发展肌肉的张力,训练关节、韧带的柔软性和灵活性,以及跳、转、翻等各种技巧,使舞蹈学习者的身体运动更加符合舞蹈规律的要求,以适应各种高难度技巧和各种类型动作的需要。基训还可以保持学生的体力。

2. 身段

身段是表演者在训练或者舞台表演中,各种舞蹈的形体动作的统称。从最简单的比拟手势到复杂的武打技巧,如坐、卧、行、走、甩袖、亮相等都称为身段。

3. 形体

形体是指舞蹈演员的身体形态。一般对电影演员和话剧演员的身体训练和舞蹈训练称为形体训练,这种课程被称为形体课。

4. 起范儿

起范儿是指动作前的准备姿势或是技巧前的准备动作。

5. 主力腿

主力腿又叫支撑腿,是指动作过程中,或者形成姿态时,支撑身体重心的一条腿。

6. 动力腿

动力腿又叫动作腿,是指在舞蹈时运动着的并且非重心支撑的腿,可做各种屈伸、摆动等动作。

7. 节奏

节奏是指音响活动的轻重缓急,如节拍的强弱变化及交替出现等。节奏也是舞蹈动作的基本要素之一,一切舞蹈动作均在一定的节奏下进行。

8. 韵律

韵律是指在舞蹈动作中,人体运动的自然规律形成的欲左先右、欲纵先收,以及动与静、上与下、高与低、长与短等辩证的规律。韵律在舞蹈中占有重要地位,是较难掌握的一种动作因素。

9. 造型

造型是塑造人物外部形象的艺术手段之一,在舞蹈中,人们将雕塑性强的动作姿态称为造型。

10. 亮相

亮相是来自古典舞蹈的一种独具特色的技法,即在剧中主要人物第一次上场(有时也用于下场），或一段舞蹈、武打完毕之后，在一个短促的停顿中所做的舞姿造型。它也是戏曲表演中的一种程式动作。

11. 留头、甩头

留头是指身体开始转动而头仍留在原方位不动。甩头是指头从一个方位迅速转向另一个方位。

12. 舞蹈动作

舞蹈动作是舞蹈作品的最基本元素，它是指经过提炼、加工和美化了的有节奏、有规律的动作，是舞蹈艺术的主要表现手段。舞蹈动作大多来自人们的劳动生活、风俗习惯等。

13. 舞蹈组合

舞蹈组合是指两个以上的单一舞蹈动作连接在一起，形成的一组新的动作。它是用来达到某种训练目的，或是为了表现一段舞蹈思想内容的手段。舞蹈组合一般分为两种，一种是最简单的动作连接，另一种是复杂的各种不同性质的动作的组合。

14. 舞蹈语汇

舞蹈语汇是一切舞蹈语言的总称，它把若干不同的舞蹈动作汇集起来，为表达舞蹈作品的主题内容服务。不同风格的舞蹈形式（如芭蕾舞、中国的古典舞和民族民间舞等）都有各自的舞蹈语汇系统。

15. 主题动作

主题动作指一个舞蹈或一个舞蹈形象最重要的核心动作，它是从"音乐主题"一词演绎而来的。音乐主题在音乐创作中反复出现，不断重复加深听者的印象；舞蹈的主题动作也采取不断重复和再现等手法，加深观者的印象。主题动作是为舞蹈的主题思想和塑造人物服务的。

16. 舞蹈编导

舞蹈编导是指舞蹈（舞剧）作品创作、排练和演出过程中的组织者和领导者，是舞蹈艺术工作中一种重要职务。编导的职责是构思和编写舞蹈台本，根据音乐编舞、组织和指导排练，通过与作曲家、舞台美术设计师、指挥以及演员的合作，把舞蹈呈现在舞台上，达到预定的目的。

17. 舞蹈结构

舞蹈结构是舞蹈作品的内部结构和组织方式。编导根据对生活的认识和对舞蹈素材的理解，按照塑造舞蹈形象和表现主题的需要，用舞蹈及其各种艺术表现手法，把一系列生活材料、人物形象、事件情节主次合理而匀称地加以安排和组织，使其既符合欣赏规律，又适应舞蹈（舞剧）作品体裁形式的要求，达到舞蹈艺术上的完整和谐。

18. 舞蹈构图

舞蹈构图是指舞蹈编导为表现舞蹈作品的主题思想,交代环境、情节和塑造舞蹈形象,按美感效果的要求,在舞台空间安排和处理各种人物的关系及位置。一般通过各种移动线和对称、集中、分散等手法,把零散的个体形象纳入艺术整体中,形成各种图形图案,如三角形、圆形、方形、菱形等各种画面。我国民间舞中有很多具有民族特色的舞蹈图形,如卷心、珍珠倒卷帘和四面斗等。

19. 舞台灯光

舞台灯光也叫舞台照明,简称灯光,是舞台美术造型手段之一,也是舞蹈表演空间构成的重要组成部分。运用舞台灯光设备(如灯具、控制系统)和技术手段,随着剧情的发展,以光色及其变化显示环境、渲染气氛,突出中心人物,创造舞台空间感、时间感,塑造舞台演出的外部形象,并提供必要的灯光效果(如风、雨、闪电)等。

20. 舞台方位

舞台方位是舞蹈场记(舞蹈者的位置和走向、路线)专门用来明确方向的名称。舞台方位通常是以舞者为中心点,以面向的正前方为起点,每向右转45度为一个方位,一共有8个方位,即舞台正前方是第一方位,简称1点;舞台右斜前方是第二方位,简称2点;舞台正右方是第三方位,简称3点;舞台右斜后方是第四方位,简称4点;舞台正后方是第五方位,简称5点;舞台左斜后方是第六方位,简称6点;舞台正左方是第七方位,简称7点;舞台左斜前方是第八方位,简称8点(见图1-4-1)。

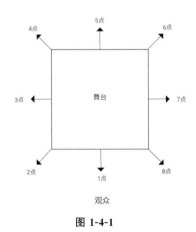

图 1-4-1

21. 人体的方位

人体的方位一共有8个,是以身体本身的前后左右来定位的,分别是正前(简称前)、正后(简称后)、左旁(简称左)、右旁(简称右)、左侧前(简称左前)、左侧后(简称左后)、右侧前(简称右前)和右侧后(简称右后)(见图1-4-2)。

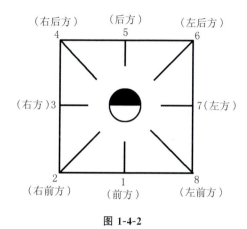

图 1-4-2

二、舞蹈的记录方法

舞蹈的记录是指为了方便舞者收集、记忆、创编和交流舞蹈,同时为了便于训练和教学,通过文字记述、曲谱和图示等方式把舞蹈作品以书面的形式记录下来,其具体的内容包括内容简介、舞蹈音乐、基本动作、舞台场记和舞台美术。

(一)内容简介

内容简介用简练、生动的文字将舞蹈作品的时代背景、主题思想和人物的思想感情、性格气质以及为展现主题所设置的典型环境和主要情节介绍清楚,以便编导准确地表达主题思想。

(二)舞蹈音乐

舞蹈音乐一般采用简谱记录主旋律,如果有几首乐曲就按顺序将其编为曲一、曲二等。为了便于记录动作顺序和场记,应在主旋律上标出小节数,有歌词的乐曲也可用歌词来代替小节数,将歌词的句数加以标明。同时要将音乐演奏的要求,如表情、速度和力度等加以标明。乐曲的演奏顺序、遍数、演奏使用的乐器、音响效果等都应根据需要在乐谱上加以标注。

(三)基本动作

基本动作主要记录舞蹈作品中较难做的组合动作和反复出现的一些基本动作。其他动作可在场记部分说明跳法。基本动作记录包括动作名称、动作起止路线、动作节拍数、身体重心变化、人体方位等,在记录动作时一定要按照每个基本动作在舞蹈中出现的先后顺序进行记录。

(四)舞台场记

舞台场记也叫舞蹈场记,是指通过文字和图画将舞蹈作品的台本、动作、音乐、舞台场面和服饰、道具的图解等记录下来,供排练舞蹈用。

(五)舞台美术

舞台美术包括布景、灯光、服装、化妆、道具、效果等。它的主要任务是根据剧本内容和演出要求,在统一的艺术构思下,运用多种造型艺术手段,创造剧中环境和角色外部形象,渲染舞台气氛。

 课后思考与练习

1. 舞蹈的常用术语有哪些?
2. 舞蹈的记录方法是什么?

第二部分　舞蹈基础训练

第二章

芭蕾基础训练

1. 掌握芭蕾舞的基本动作和基本技巧,了解芭蕾基本动作的规范和审美要求。
2. 训练身体各部分的肌肉能力,改变原有的自然体态,提高身体的直立感和稳定性。
3. 通过芭蕾基础训练的学习,加强自身的协调性和表现力,为今后教学示范打下扎实的基础。

第一节 芭蕾舞的基本特征及手位与脚位

一、芭蕾舞的基本特征

芭蕾舞是欧洲的古典舞,它是在欧洲各地民间舞蹈的基础上,经过几个世纪不断加工、丰富、发展而形成的,具有严格规范和结构形式的欧洲传统舞蹈艺术。芭蕾舞区别于其他舞蹈的重要特征就是女演员要穿特制的足尖鞋用脚趾尖端跳舞,而且芭蕾的技巧在舞蹈中被公认为是难度最大、最难练的,比如旋转、跳跃等技巧,这就使得芭蕾舞成为最美丽、最生动和最高尚典雅的艺术。芭蕾舞语汇的风格特征主要是脚、腿和胯的动作运用。

(一)开

开是芭蕾舞的最基本的美学特征,是指舞者在髋部不动的情况下,整条腿从髋关节、膝关节到脚趾尖向人体两侧外开,充分的外开可以扩大动作的范围,延伸舞者肢体的线条,增强肢体表现力,从而使舞姿更加优美,但是千万不要强硬地去打开,否则很容易出现韧带或者肌肉的拉伤。

(二)绷

绷是指舞者脚腕伸展,脚背上拱,脚趾并拢并且向下向远无限延伸。绷脚可以增加腿部的力度,同时增加腿部的长度,使肢体末梢具有放射性,使舞姿更加舒展。

(三)直

直主要是指舞者的后背垂直以及主力腿和动力腿的膝盖伸直。

(四)立

立是指人体的每一个关节和肌肉向上提,尤其是后背要立直,使舞者挺拔向上。舞者上身形态的挺拔和舒展在芭蕾舞中是极为重要的。

二、芭蕾舞的手位和脚位

(一)芭蕾舞的基本手形和手位

1. 手形

中指、无名指和小拇指并拢在一起,食指微向上翘,并且大拇指贴近中指的第二关节线(见图 2-1-1)。

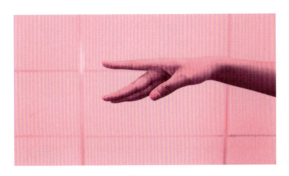

图 2-1-1

2. 手臂

从肩关节、大臂、肘关节、小臂到指尖形成一条没有棱角的延长的弧线。

3. 手位

芭蕾的手位是舞姿造型的决定因素,因此,在训练时一定要动作规范,手臂要始终保持椭圆形,眼随手动,动作还要配合好呼吸。

①一位手。

双手在身前自然下垂,手臂呈弧形,两手臂合成一个椭圆形,肘关节略用力前倾,两手之间的间距约一拳,两手指尖相对,手心朝上,两手臂与身体的间距大约为一拳(见图 2-1-2)。

②二位手。

在一位手的基础上,两臂同时向上抬起,抬到横膈膜的高度(上半身的中部,腰以上、胸以下的位置),使肩、肘、手腕和手指呈向下的弧线,在动作过程中,两手臂的弧度和两手之间的间距保持不变,掌心一直朝向身体(见图 2-1-3)。

③三位手。

在二位手的基础上,两臂同时向上抬起,抬至额前上方的位置(头不抬,眼睛可看到小拇指的外延),在动作过程中,两手臂的弧度和两手之间的间距保持不变,掌心对额头(见图 2-1-4)。

图 2-1-2

图 2-1-3

图 2-1-4

④四位手。

在三位手的基础上,一手臂保持三位,另一手臂从三位由小拇指领着向下切回二位,手臂弧度不变并且不可向左右两旁切(见图 2-1-5)。

⑤五位手。

一手臂继续保持三位,另一手臂由二位向旁打开到正旁稍靠前的位置,掌心向另一侧的斜前方,使肩、肘、手腕和手指呈向下的弧线(见图 2-1-6)。

⑥六位手。

向旁打开的手臂不动,另一手臂从三位由小拇指领着向下切回二位,手臂弧度不变并且不可向左右两旁切(见图 2-1-7)。

图 2-1-5

图 2-1-6

⑦七位手。

向旁打开的手臂不动,另一手臂由二位向旁打开到正旁稍靠前的位置,掌心向另一侧的斜前方,使肩、肘、手腕和手指呈向下的弧线,注意不要让肘关节向下垂(见图2-1-8)。

图 2-1-7

图 2-1-8

(二)芭蕾舞的基本脚位

1. 站姿

两脚十趾平铺于地面,有下压感,脚跟相对,双腿伸直向上拉长,膝盖绷直,大腿内侧肌肉外翻、收紧,背部挺直,腹部收紧,双肩放松、下沉打开,头部端正,眼睛平视前方,躯干伸直,使肩、胯、膝盖和外开脚趾分别在一条水平线上,双臂放于身体两侧(见图2-1-9和图2-1-10)。

图 2-1-9

图 2-1-10

2. 脚位

芭蕾舞的脚位一共有5个,脚位的最大特点是外开性,在训练时的顺序为一位、二位、三位、五位、四位。

(1)一位脚。

两脚跟并拢,两脚完全外开,呈"一"字形(见图 2-1-11)。

学习提示:一位脚站好后,膝盖要收紧,脚的十趾应均力抓地,不应有小脚趾翘起的现象。在刚开始训练时可不要求绝对打开,应尽量顺其自然,以两脚十趾能平展抓地为准。

(2)二位脚。

在一位脚的基础上,一脚向旁打开约一脚的距离,身体重心在两脚之间(见图 2-1-12)。

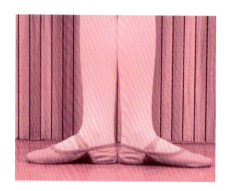
图 2-1-11

图 2-1-12

学习提示:膝盖收紧,大腿内侧应随着双脚的开度有打开的感觉。

(3)三位脚。

在二位脚的基础上,一脚脚后跟向另一脚脚心靠拢,使前脚盖住后脚的一半,保持外开状(见图 2-1-13)。

(4)四位脚。

一脚在另一脚的正前方或者正后方,两脚前后保持一竖脚的距离,腿向外转开,身体重心在两腿之间(见图 2-1-14)。

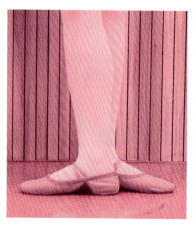
图 2-1-13

图 2-1-14

(5)五位脚。

一脚的脚尖紧贴着另一脚的后跟,两脚紧贴,使前脚完全盖住后脚(见图2-1-15)。

图 2-1-15

手位组合示例：

音乐:2/4 拍。

准备位:双手一位,一位脚准备,身对1点。

①1～8拍:双手一位,一位脚。

②1～8拍:双手由一位向上抬至二位,一位脚。

③1～8拍:双手由二位向上抬至三位,一位脚。

④1～8拍:右手保持三位,左手向下落至二位,呈四位手,一位脚。

⑤1～8拍:右手保持三位,左手向旁打开至七位,呈五位手,一位脚。

⑥1～8拍:右手下落到二位,左手保持七位手,呈六位手,一位脚。

⑦1～8拍:右手向旁打开到七位手,左手保持七位,一位脚。

⑧1～8拍:双手在七位掌心朝下往远处延伸,呼吸,收回到一位,一位脚。

脚位组合示例：

音乐:2/4 拍。

准备位:双手一位,一位脚准备,身对1点。

①1～8拍:双手一位,一位脚。

②1～8拍:双手由一位向上抬至二位,右脚向旁擦地至二位脚。

③1～8拍:双手由二位向上抬至三位,右脚擦地收回至三位脚。

④1～8拍:双手由三位至一位手,右脚向前擦地至四位脚。

⑤1～8拍:双手保持一位手,右脚擦地收回至五位脚。

课后思考与练习

1.芭蕾的基本手位有几个?分别是什么?

2.芭蕾的基本脚位有几个?分别是什么?

第二节　芭蕾舞地面训练

一、基本姿态

(一)坐姿

　　双腿并拢夹紧向前伸直,绷脚背,脚后跟和膝盖要并拢,背部保持直立,眼睛平视前方,两手臂放于身体两侧,中指指尖轻轻触地(见图 2-2-1 和图 2-2-2)。

图 2-2-1

图 2-2-2

(二)仰卧位

　　仰面躺于地面,双腿并拢夹紧伸直,绷脚背,两臂与身体成 30 度角放于身体两侧,手心朝下(见图 2-2-3)。

图 2-2-3

(三)俯卧位

　　身体伏于地面,双腿并拢伸直,绷脚背,两脚后跟夹紧,两臂夹耳朵向前伸直,与肩同宽,手心向下(见图 2-2-4)。

图 2-2-4

(四)侧卧位

身体侧躺于地面,双腿并拢伸直,绷脚背,贴地一侧的手臂枕于头下、伸展扶地,掌心朝下,另一侧手臂在胸前支撑扶地,掌心朝下(见图 2-2-5)。

图 2-2-5

二、基本动作

(一)勾、绷脚

1. 勾脚

勾脚是指脚尖最大限度地勾起,脚背内屈,脚跟往远蹬,脚与腿基本垂直(见图 2-2-6)。

图 2-2-6

2. 绷脚

绷脚是指脚腕伸展,脚背向上拱,脚尖向下压(见图2-2-7)。

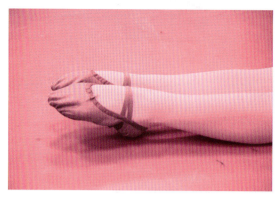

图 2-2-7

学习提示:

(1)无论是做勾脚还是绷脚,动作一定要做到位。

(2)在做勾、绷脚训练时,要先练习踝关节的勾、绷,再练习脚趾关节的勾、绷。

(3)在练习勾、绷脚的同时,注意保持好体态,即上半身保持直立、挺拔、沉肩,腿、膝盖绷直、收紧。

勾、绷脚组合示例:

音乐:2/4拍。

准备位:身体面向1点,双腿并拢向前伸直,后背直立,双臂放于体侧放长延伸,中指指尖轻轻点地,腿和上身成90度角,双脚绷直。

①1~8拍:1~2拍双脚同时勾脚并眼看1点,3~4拍双脚同时绷脚,回到准备动作,5~8拍动作同前4拍。

②1~8拍:1~2拍右脚勾脚,同时右倾头,3~4拍右脚绷脚,同时头回到原位,5~8拍动作同前4拍。

③1~8拍:1~2拍左脚勾脚,同时左倾头,眼看1点,3~4拍左脚绷脚,同时头回到原位,5~8拍动作同前4拍。

④1~8拍:1~2拍双脚勾脚,3~4拍双脚勾脚外旋,5~6拍双脚绷脚外旋,7~8拍双脚绷脚。

⑤1~8拍:1~2拍双脚绷脚内旋,3~4拍双脚勾脚内旋,5~6拍双脚勾脚,7~8拍双脚绷脚。

(二)地面压腿

1. 坐压前腿

坐姿准备,身体由直立向前折叠贴近于腿部,后背尽量保持平直,双手从头顶落下扶脚尖(见图2-2-8和图2-2-9)。

地面压腿组合

学习提示：坐压前腿时，一定要绷直背，膝关节的位置不要弯曲，腿部要紧贴地面。

图 2-2-8

图 2-2-9

2. 坐压旁腿

以压左腿为例。准备动作：坐地左腿体侧伸直，右腿体前屈腿，绷脚背转开，右手托掌，左手扶地。做法：上身向左腿下压，身体最大限度地转开，后背贴腿，右手扶脚（见图 2-2-10 和图 2-2-11）。压右腿动作相反。

学习提示：坐压旁腿时，胯要尽量打开，两脚都要绷脚背，身体不要向体前趴，身体要最大限度地转开。

图 2-2-10

图 2-2-11

3. 坐压后腿

准备动作：一腿跪地，被压腿向身体正后方伸直，双手向体侧扶地准备。

做法：以压右后腿为例，右腿向身体正后方伸直，紧贴地面，绷脚背，后背立直，身体放正，胯根打开，双手在体侧撑地，上身由头带动颈、肩、胸、腰依次向后下压（见图 2-2-12 和图 2-2-13）。

学习提示：坐压后腿时，上体要立直，不要往前倾，胯不要歪，两脚都要绷脚背，后腿要伸直紧贴地面。

图 2-2-12

图 2-2-13

地面压腿组合示例：

音乐：2/4 拍。

准备位：芭蕾基本坐姿，身体面向 1 点。

①1～8 拍：前压腿 2 次，2 拍压，2 拍起。

②1～8 拍：1～4 拍前压腿 1 次，2 拍压，2 拍起，5～8 拍控前腿。

③1～8 拍：1～4 拍继续控前腿，5～8 拍起身，上身保持直立，右腿向旁打开，左腿盘坐，绷脚尖，右手扶腰，左手三位手。

④1～8 拍：旁压右腿 2 次，2 拍压，2 拍起。

⑤1～8 拍：1～4 拍压右旁腿，5～8 拍起身，向左转身，起左手，右手扶地，左腿盘坐，右腿向后伸直绷脚背。

⑥1～8 拍：向后倒胸腰，后压右腿 2 次，2 拍下，2 拍起。

⑦1～8 拍：1～6 拍控后腰，7～8 拍起身，上身保持直立。

⑧1～8 拍：身体右转 90 度面向 1 点方向，右腿盘坐，左腿向旁打开，绷脚尖，左手扶腰，右手三位手。

⑨1～8 拍：旁压左腿 2 次，2 拍压，2 拍起。

⑩1～8 拍：压左旁腿，起身，向右转身，起右手到芭蕾三位手，左手撑地，右腿盘坐，左腿向后伸直绷脚背。

⑪1～8 拍：向后倒胸腰 2 次，后压左腿 2 次，2 拍下，2 拍起。

⑫1～8 拍：1～4 拍向后压腿，5～6 拍起身，上身保持直立，7～8 拍向左转体 90 度，还原成基本坐姿。

（三）地面踢腿

1. 踢前腿

准备动作：仰卧。做法：主力腿不动，动力腿的膝盖伸直绷脚，由脚尖带腿迅速向上踢起，有控制地落回（见图 2-2-14 和图 2-2-15）。

学习提示：踢前腿时，要快起慢落，主力腿不要离开地面，同时，动力

地面大踢腿组合

腿不可弯膝盖,要绷脚背。

图 2-2-14

图 2-2-15

2. 踢旁腿

准备动作:侧卧。做法:主力腿不动,动力腿外旋转开,膝盖伸直,绷脚,迅速向旁踢起,有控制地落回(见图 2-2-16 和图 2-2-17)。

学习提示:踢旁腿时,要快起慢落,身体要绷紧,腰不要松,不可低头、撅屁股。

图 2-2-16

图 2-2-17

3. 踢后腿

准备动作:双腿跪地,两手撑地。做法:主力腿不动,动力腿向后伸直绷脚,迅速向正后方踢起,有控制地落回(见图 2-2-18 和图 2-2-19)。

学习提示:踢后腿时,动力腿要快起慢落,胯部打开,用腰和脚尖领着向上踢,膝盖要伸直。

图 2-2-18

图 2-2-19

地面踢腿组合示例:
音乐:2/4 拍。

准备位:仰卧准备。

①1～8拍:吸右腿,右腿向上伸直与地面成90°,5～8拍吸右腿,沿主力腿擦地伸直。

②1～8拍:吸右腿,右腿向上伸直与地面成90°,5～8拍控制向下落腿,回到仰卧位。

③1～8拍:右腿前踢腿2次,2拍1动。

④1～8拍:右腿前踢腿4次,1拍1动。

⑤1～8拍:换左腿,动作同第一个8拍动作。

⑥1～8拍:左腿前吸,动作同第二个8拍动作。

⑦1～8拍:左腿前踢,动作同第三个8拍动作。

⑧1～8拍:左腿前踢腿2次,1拍1动,5～6拍双臂伸直夹耳朵,7～8拍向左转身成侧卧位,右手胸前扶地成90°。

⑨1～8拍:旁吸右腿,右旁腿向上伸直与地面成90°,5～8拍吸右腿,沿主力腿内侧伸直。

⑩1～8拍:旁吸右腿,右腿向上伸直与地面成90°,5～8拍控制向下落腿,回到侧卧位。

⑪1～8拍:右腿踢腿2次,2拍1动。

⑫1～8拍:右踢腿2次,1拍1动,5～6拍向右转身,同时双臂伸直夹耳朵,7～8拍向右转身成侧卧位,左手胸前扶地成90°。

⑬1～8拍:换左腿,动作同第九个8拍动作。

⑭1～8拍:左腿旁吸,动作同第十个8拍动作。

⑮1～8拍:左腿旁踢,动作同第十一个8拍动作。

⑯1～8拍:左腿旁踢4次,1拍1动。

⑰1～8拍:1～2拍向右转身成俯卧位,双臂伸直夹耳朵,3～4拍双手收于腰部,撑起上身,5～6拍双腿跪立,双臂伸直,指尖朝前,7～8拍右腿向后伸直,绷脚外旋点地,抬头。

⑱1～8拍:右腿后踢腿4次,1拍1动。

⑲1～8拍:收右腿换左腿,5～8拍左腿后踢腿,1拍1动。

⑳1～8拍:左腿后踢腿2次,1拍1动,5～8拍收左腿,还原成基本坐姿。

课后思考与练习

1.什么是勾脚?什么是绷脚?
2.地面压腿有哪些?分别是什么?
3.地面踢腿有哪些?分别是什么?

第三节　芭蕾舞把上训练

把上练习是指训练者扶着把杆进行的训练。把上练习可以很好地塑造人体的姿态美,发展下肢及躯干的力量、灵巧性、柔韧性和协调性,提高人体的平衡能力,增强人体对身体重心的控制,同时起到规范身体姿态的作用。

一、扶把的方式

(一)单手扶把

身体侧对把杆,与把杆成90°角,靠近把杆的手轻放在把杆上,手腕放松,扶把手放于身体的旁斜前,使肘关节自然下垂(见图2-3-1)。

(二)双手扶把

身体正对把杆,双手轻放在把杆上,两手的间距与肩同宽,手腕放松,双肘在身体前10厘米左右并且自然下垂,身体与把杆之间的距离也就是这个双手扶把的位置(见图2-3-2)。

图 2-3-1

图 2-3-2

二、基本动作

(一)擦地

擦地(Battement tendu)是动力腿直膝、用力绷脚向前、旁、后擦出并收回的练习,擦地练习可以增强腿部肌肉力量,锻炼脚趾、脚掌、足弓、跟腱和脚腕等部位的柔韧性和灵活性。

准备姿态:一位脚或者五位脚站立,上身保持直立,收腹,立腰拔背,提臀,大腿内侧收紧,重心在两腿之间。

1. 向前擦地

身体重心由两腿之间慢慢移到主力腿上,动力腿的脚向前擦出,边擦地边绷脚背,由全脚擦地,经脚跟、足弓、脚掌依次离地前擦,在重心不移动的基础上最大限度地远伸,使脚尖点地,此时脚尖与主力腿的脚跟在一条直线上。收回时,动力腿的脚沿着擦出的路线经脚趾、脚掌、足弓和脚跟依次贴地全脚擦地收回到原位(见图2-3-3)。

2. 向旁擦地

身体重心由两腿之间慢慢移到主力腿上,动力腿的脚向旁擦出,边擦地边绷脚背,由全脚擦地,经脚跟、足弓、脚掌依次离地旁擦,在重心不移动的基础上最大限度地远伸,使脚尖点地,此时两脚在同一直线上。收回时,动力腿的脚沿着擦出的路线经脚趾、脚掌、足弓和脚跟依次贴地全脚擦地收回到原位(见图2-3-4)。

图 2-3-3

图 2-3-4

图 2-3-5

3. 向后擦地

身体重心由两腿之间慢慢移到主力腿上,动力腿的脚向后擦出,边擦地边绷脚背,由全脚擦地,经脚跟、足弓、脚掌依次离地后擦,在重心不移动的基础上最大限度地远伸,使脚尖点地,此时脚尖与主力腿的脚跟在一条直线上,大脚趾外侧点地。收回时,动力腿的脚沿着擦出的路线经脚趾、脚掌、足弓和脚跟依次贴地全脚擦地收回到原位(见图2-3-5)。

学习提示:

(1)擦地时,身体的重心要在主力腿上,不能随着动力腿移动。

(2)胯部要充分打开并且上提,向旁擦地时,胯部不要向旁掀起;向前擦地时,胯部不要向前移动;向后擦地时,不要撅臀。

(3)擦地时上身始终要保持直立,背部收紧。

(4)在擦地时主力腿和动力腿的膝盖要伸直,不可以弯曲,两腿的肌肉要夹紧。

擦地组合示例:

音乐:2/4拍。

准备位:双手扶把,一位脚准备。

①1~8拍:1~4拍右腿向前擦地,5~8拍收回。

②1~8拍:1~2拍右腿向前擦地,3~4拍收回,5~8拍动作同1~4拍动作。

③1~8拍:1~4拍左腿向前擦地,5~8拍收回。

④1~8拍:1~2拍左腿向前擦地,3~4拍收回,5~8拍动作同1~4拍动作。

⑤1~8拍:1~4拍右腿向旁擦地,5~8拍收回。

⑥1~8拍:1~2拍右腿向旁擦地,3~4拍收回,5~6拍动作同1~2拍动作,7~8拍右脚收回至左脚前方成五位脚。

⑦1~8拍:1~4拍左腿向旁擦地,5~8拍收回。

⑧1~8拍:1~2拍左腿向旁擦地,3~4拍收回,5~8拍动作同1~4拍动作。

⑨1~8拍:1~4拍右腿向后擦地,5~8拍收回。

⑩1~8拍:1~2拍右腿向后擦地,3~4拍收回,5~6拍右腿向旁擦地,7~8拍右腿收回成一位脚。

⑪1~8拍:1~4拍左腿向后擦地,5~8拍收回。

⑫1~8拍:1~2拍左腿向后擦地,3~4拍收回,5~6拍左腿向旁擦地,7~8拍左腿收回成一位脚。

(二)蹲

芭蕾舞的蹲(Plie)有两种:半蹲和全蹲。芭蕾舞蹲的训练可以提升腿部肌肉的力量和对后背的控制能力,增强膝关节、踝关节、髋关节和跟腱等部位的灵活性和柔韧性,促进身体平衡,使人在跳跃时有力且富有弹性,为其他带有蹲的性质的动作以及跳跃动作创造良好的条件。

1.半蹲

半蹲(Demi plie)即上身保持直立,腹部收紧,提臀,双腿外开,膝关节对脚尖方向,尾椎对着脚跟,身体保持完全垂直,身体的重心在两腿之间,全脚着地,下蹲时,屈膝直到脚跟不离开地面就蹲到最大的限度。半蹲直起时,脚后跟用力推地,将身体推起,使两腿伸直,胯上提(见图2-3-6)。

2.全蹲

全蹲(Grand plie)是在半蹲的基础上继续下蹲,蹲到双脚的脚后跟被迫离开地面,此时大小腿之间的距离最近,臀部不可以坐在脚后跟上。全蹲直起时,上半身保持直立,先压脚后跟,再推地,使腿伸直(见图2-3-7)。

图 2-3-6　　　　　　　　图 2-3-7

学习提示：

(1)在做蹲动作的过程中下蹲和伸直腿的速度要平均,动作要连贯,不要停顿。

(2)注意保持上身直立,后背和尾椎骨要垂直,屁股一定要收紧,不可以出现向后撅屁股或者向前跪的错误动作。

(3)做蹲动作时,腿一定要最大限度地外开,膝盖对准脚尖,动作不能僵硬。

(4)做蹲动作时不可以倒脚,也不可以让脚后跟向后拐。

蹲组合示例：

音乐：3/4拍。

准备位：左手扶把,右手一位,一位脚。

准备拍：右手由一位经二位打开至七位。

①1～8拍：1～2拍一位半蹲,3～4拍还原,5～6拍一位全蹲,7～8拍还原。

②1～8拍：1～2拍一位半蹲,3～4拍还原,5～6拍一位全蹲,7拍还原,8拍右脚向右擦地至二位脚。

③1～8拍：1～2拍二位半蹲,3～4拍还原,5～6拍二位全蹲,7～8拍还原。

④1～8拍：1～2拍二位半蹲,3～4拍还原,5～6拍二位全蹲,7拍还原,8拍右脚向左擦地至五位脚。

⑤1～8拍：1～2拍五位半蹲,3～4拍还原,5～6拍五位全蹲,7～8拍还原。

⑥1～8拍：1～2拍双脚在五位脚立半脚尖,3～4拍右手由七位至三位,5～6拍双脚五位脚,右手由三位至七位,7～8拍右脚向前擦地至四位脚。

⑦1～8拍：1～2拍四位半蹲,3～4拍还原,5～6拍四位全蹲,7～8拍还原。

⑧1～8拍：1～2拍双脚在四位半蹲,3～4拍还原,5～6拍右脚移重心收回至五位,7～8拍右手由七位收回到一位。

(三)小踢腿

小踢腿(Battement tendu jete)是动力腿的脚经擦地后,快速有力地向前(见图2-3-8)、向旁(见图2-3-9)、向后(见图2-3-10)绷脚踢出,踢腿的角度控制在25°,收回时,动力腿经过绷脚点地后沿直线擦地收回。小踢腿的训练可以锻炼腿部的肌肉,提高腿部的灵活性和控制能力,为大踢腿和弹跳打好基础。

图 2-3-8　　　　　　　　图 2-3-9　　　　　　　　图 2-3-10

学习要求:

(1)做动作时上身要保持直立,身体重心在主力腿上,胯部要稳定,不可因踢腿而移动重心,使胯部移动。

(2)动力腿的脚不可以过早地离开地面,应在擦地到达最远端的位置时快速、有力地踢起。

(3)踢腿时要用脚腕、脚背和脚尖的力量推地踢起。

小踢腿组合示例:

音乐:2/4拍。

准备位:双手扶把,一位脚准备。

①1~8拍:1~4拍右腿前小踢腿,5~6拍右脚点地,7~8拍右脚擦地收回。

②1~8拍:1~2拍右腿前小踢腿,3~4拍擦地收回,5~8拍动作同1~4拍。

③1~8拍:1~4拍右腿旁小踢腿,5~6拍右脚点地,7~8拍右脚擦地收回。

④1~8拍:1~2拍右腿旁小踢腿,3~4拍擦地收回,5~6拍右腿旁小踢腿,7~8拍擦地收回至五位脚。

⑤1~8拍:1~4拍右腿后小踢腿,5~6拍右脚点地,7~8拍右脚擦地收回。

⑥1~8拍:1~2拍右腿后小踢腿,3~4拍擦地收回,5~8拍动作同1~4拍。

⑦~⑫拍:左腿重复①~⑥拍的动作。

(四)划圈(Ronds de jambe)

1. 划圈前—后

动力腿在一位或五位的基础上绷脚向前擦地,脚尖由前经过旁向后在地面划圈,最后经擦地收回到一位或五位(见图2-3-11至图2-3-13)。

图 2-3-11

图 2-3-12

图 2-3-13

2. 划圈后—前

动力腿在一位或五位的基础上绷脚向后擦地,脚尖由后经过旁向前在地面划圈,最后经擦地回到一位或五位(见图2-3-14至图2-3-16)。

图 2-3-14

图 2-3-15

图 2-3-16

学习提示：

(1)划圈时,身体重心一定要在主力腿上,胯部要保持固定,不可随动力腿晃动。

(2)划圈时,动力腿要尽量往远划,但不可以将胯送出或者撅臀。

划圈组合示例：

音乐:3/4拍。

准备位:左手扶把,右手一位,一位脚。

前奏(4拍):右手由一位经二位打开至七位。

①1～8拍:1～2拍左腿直立,右脚向前擦地,3拍左腿直立,右腿向旁划,4拍右腿擦地收回到一位,5～8拍同1～4拍。

②1～8拍:1～2拍左腿直立,右脚向前擦地,3拍左腿直立,右腿向后划,4拍右腿擦地收回到一位,5～8拍同1～4拍。

③1～8拍:1～2拍左腿直立,右脚向后擦地,3拍左腿直立,右腿向旁划,4拍右腿擦地收回到一位,5～8拍同1～4拍。

④1～8拍:1～2拍左腿直立,右脚向后擦地,3拍左腿直立,右腿从后经旁向前划,4拍右腿擦地收回到一位,5～8拍同1～4拍。

⑤1～8拍:1～4拍双手三位手,一位脚,半脚尖,5～6拍半脚尖小碎步向内转换方向,7～8拍右手扶把,左手由三位经二位到七位,一位脚。

⑥1～8拍:1～2拍右腿直立,左脚向前擦地,3拍右腿直立,左腿向旁划,4拍左腿擦地收回到一位,5～8拍同1～4拍。

⑦1～8拍:1～2拍右腿直立,左脚向前擦地,3拍右腿直立,左腿向后划,4拍左腿擦地收回到一位,5～8拍同1～4拍。

⑧1～8拍:1～2拍右腿直立,左脚向后擦地,3拍右腿直立,左腿向旁划,4拍左腿擦地收回到一位,5～8拍同1～4拍。

⑨1～8拍:1～2拍右腿直立,左脚向后擦地,3拍右腿直立,左腿从后经旁向前划,4拍左腿擦地收回到一位,5～8拍同1～4拍。

(五)单腿蹲

单腿蹲(Battement fondu)是一条腿做蹲起,另一条腿同时做屈伸的练习,动力腿可以向前、旁、后伸出,主力腿和动力腿要同时弯曲、同时伸直。单腿蹲的训练可以锻炼大腿肌肉的力量和控制能力,锻炼跟腱和肌肉的柔韧性以及对后背的控制能力,为增强跳跃落地时膝关节缓冲的能力打下基础。

1.向前单腿蹲

五位脚准备,主力腿慢慢下蹲,同时动力腿屈膝,大腿保持不动,小脚趾放在主力腿内侧的脚踝骨上(见图2-3-17),然后主力腿膝盖慢慢伸直,动力腿在保持大腿高度不变、外开的同时,用脚尖带动小腿向前伸直,脚后跟往前顶,绷脚背并保持腿外旋转开(见图2-3-18)。

图 2-3-17　　　　　　　　　图 2-3-18

2. 向旁单腿蹲

五位脚准备,主力腿慢慢下蹲,同时动力腿大腿保持不动,小腿收回到前小吸腿的位置,小脚趾放在主力腿内侧的脚踝骨上(见图 2-3-19),然后主力腿膝盖慢慢伸直,动力腿在保持大腿高度不变、外开的同时,用脚尖带动小腿向旁伸直,绷脚背并保持腿外旋转开(见图 2-3-20)。

图 2-3-19　　　　　　　　　图 2-3-20

3. 向后单腿蹲

五位脚站立,主力腿慢慢下蹲,同时动力腿大腿保持不动,小腿收回到小掖腿的位置,动力腿的脚踝的内侧贴在主力腿的脚踝骨后,绷脚背,膝盖要打开(见图 2-3-21),然后主力腿膝盖慢慢伸直,动力腿在保持大腿高度不变、外开的同时,用脚尖带动小腿向后伸直,绷脚背并保持腿外旋转开(见图2-3-22),不要掀胯。

图 2-3-21

图 2-3-22

学习提示:

(1)单腿蹲时,上身要保持直立,后背要挺直,下蹲时不要坐胯或者掀胯。

(2)单腿蹲时,要在两腿同等外开的基础上同时蹲下、同时伸直,两条腿一定要完全伸直后再下蹲。

(3)单腿蹲时,动力腿在出腿时大腿的高度要保持不变,膝盖要绷直收紧。

单腿蹲组合示例:

音乐:3/4拍。

准备位:左手扶把,右手一位,五位脚站立。

前奏(4拍):右手由一位经二位至七位,两拍一动,五位脚。

①1~8拍:1~2拍单腿蹲,右手由七位至一位,3~4拍主力腿直膝,右腿向前伸出,右手由一位经二位打开至七位,5~8拍动作同1~4拍。

②1~8拍:1~2拍单腿蹲,右手由七位至一位,3~4拍主力腿直膝,右腿向旁伸出,右手由一位经二位打开至七位,5~8拍动作同1~4拍。

③1~8拍:1~2拍单腿蹲,右手由七位至一位,3~4拍主力腿直膝,右腿向后伸出,右手由一位经二位打开至七位,5~8拍动作同1~4拍。

④1~8拍:1~4拍动力腿收回,同时五位脚半脚尖,5~8拍半脚尖小碎步向内转换方向,双手三位手。

⑤1~8拍:1~4拍脚从半脚尖落回到一位,5~8拍右手扶把,左手由三位经二位至七位。

⑥1~8拍:1~2拍单腿蹲,左手由七位至一位,3~4拍主力腿直膝,左腿向前伸出,左手由一位经二位打开至七位,5~8拍动作同1~4拍。

⑦1～8拍:1～2拍单腿蹲,左手由七位至一位,3～4拍主力腿直膝,左腿向旁伸出,左手由一位经二位打开至七位,5～8拍动作同1～4拍。

⑧1～8拍:1～2拍单腿蹲,左手由七位至一位,3～4拍主力腿直膝,左腿向后伸出,左手由一位经二位打开至七位,5～8拍动作同1～4拍。

⑨1～8拍:1～4拍动力腿收回,同时五位脚半脚尖,5～8拍半脚尖小碎步向内转换方向,双手三位手。

⑩1～8拍:1～4拍脚从半脚尖落回到一位,5～8拍左手扶把,右手回一位。

(六)大踢腿

大踢腿(Grand battement jete)是指动力腿经过擦地绷脚后快速有力地向前、旁、后踢腿,踢腿的角度在90°以上,然后经过点地擦地收回。大踢腿的训练可以很好地提高腿部肌肉的力量,增强腿部肌肉的柔韧性和控制力。

大踢腿组合

1. 踢前腿

动力腿经过向前擦地快速踢腿,踢腿角度在90°以上,落地时要控制,然后经过点地擦地收回(见图2-3-23和图2-3-24)。

图 2-3-23

图 2-3-24

2. 踢旁腿

动力腿经过向旁擦地快速踢腿,踢腿角度在90°以上,落地时要控制,然后经过点地擦地收回(见图2-3-25和图2-3-26)。

3. 踢后腿

动力腿经过向后擦地快速踢腿,踢腿角度在90°以上,落地时要控制,然后经过点地擦地收回(见图2-3-27和图2-3-28)。

图 2-3-25　　　　　　　　　　　　图 2-3-26

图 2-3-27　　　　　　　　　　　　图 2-3-28

学习提示：

(1)踢腿时,上身要保持直立,立腰、拔背,动力腿要伸直外旋转开,绷脚,速度要快,落地时要慢且轻,需要对动力腿有控制,主力腿要伸直,膝盖不要弯曲。

(2)踢前腿时保持身体直立,不要出胯或者坐胯。

(3)踢旁腿时,注意身体不要向旁边倾斜,重心始终保持在主力腿上,胯部要最大限度地外开,不要撅臀。

(4)踢后腿时,注意膝关节不要弯曲,不要塌腰,踢腿方向是正后方,不要踢偏。

大踢腿组合示例：

音乐:2/4 拍。

准备位:左手扶把,右手一位,脚一位站好。

前奏(4拍):右手由一位打开到七位,右脚向后擦地准备。

①1~8拍:1~2拍踢右前腿,3~4拍收后,5~6拍重复1~2拍动作,7~8拍重复3~4拍动作。

②1~8拍:1~4拍踢右前腿两次,5~6拍右腿由后划圈至右旁,7~8拍收至左腿斜后准备踢右旁腿。

③1~8拍:1~2拍踢右旁腿,3~4拍收左斜后,5~6拍重复1~2拍动作,7~8拍重复3~4拍动作。

④1~8拍:1~4拍踢右旁腿两次,5~6拍右脚向右旁擦地,7~8拍右脚划圈至身前,准备踢右后腿。

⑤1~8拍:1~2拍踢右后腿,3~4拍右腿回到前面,5~6拍重复1~2拍动作,7~8拍重复3~4拍动作。

⑥1~8拍:1~4拍踢右后腿两次,5~8拍右腿由前划圈到后,准备踢右前腿。

⑦1~8拍:1~2拍踢右前腿,3~4拍踢左后腿,5~6拍重复1~2拍动作,7~8拍重复3~4拍动作。

⑧1~8拍:1~2拍踢右前腿,3~4拍踢左后腿,5~6拍重心移至左脚,7~8拍收一位。

(七)控制

控制(Adagio)训练可以提高腿的控制能力、主力腿稳固重心的能力,并且可以增强腰部和背部的肌肉控制能力,为形成优美的舞姿奠定基础。

控制组合

1. 前腿控制

五位脚准备,动力腿向前擦地,用脚背的力量慢慢抬起或者经前吸腿伸出,停到90°或更高的位置,收回时,动力腿慢慢下落,脚尖点地并擦地收回或者经前吸腿收回(见图2-3-29)。

2. 旁腿控制

五位脚准备,动力腿向旁擦地,用脚背的力量慢慢抬起或者经旁吸腿伸出,停到90°或更高的位置,收回时,动力腿慢慢下落,脚尖点地并擦地收回或者经旁吸腿收回(见图2-3-30)。

图2-3-29　　　　　图2-3-30

3. 后腿控制

五位脚准备,动力腿向后擦地,用脚背的力量慢慢抬起或者经后吸腿伸出,停到90°或更高的位置,收回时,动力腿慢慢下落,脚尖点地并擦地收回或者经后吸腿收回(见图2-3-31)。

学习提示:

(1)主力腿要伸直,不可弯曲。

(2)动力腿在空中要绷紧,不可随意晃动。

控制组合示例:

音乐:2/4拍。

准备位:左手扶把,右手一位,脚一位站好。

前奏(4拍):右手由一位打开到七位。

①1~8拍:1~2拍右腿小吸腿,左腿半蹲,3~4拍右腿向前伸直延伸出去,5~6重复1~2拍动作,7~8拍重复3~4拍动作。

②1~8拍:1~2拍右腿落地,3~4拍经过一位,5~8拍右腿向后伸直控后腿。

③1~8拍:1~2拍右腿小吸腿,3~4拍右腿向后伸直控后腿,5~6拍重复1~2拍动作,7~8拍重复3~4拍动作。

图 2-3-31

④1~8拍:1~2拍右腿控后腿落下,3~4拍回一位,5~8拍控右前腿。

⑤1~8拍:1~2拍右腿小吸腿,3~4拍向旁伸直延伸控右旁腿,5~6拍重复1~2拍动作,7~8拍重复3~4拍动作。

⑥1~8拍:重复⑤的动作。

⑦1~8拍:1~2拍左脚前五位,双脚立半脚尖,3~4拍左腿向前伸直延伸控左前腿,5~6拍左脚前五位,双脚立半脚尖,7~8拍右腿向后伸直延伸控右后腿。

⑧1~8拍:1~2拍控右前腿,3~4拍环动到右旁腿,5~6拍环动到右后腿,7~8拍收回到一位。

⑨1~8拍:1~4拍控左前腿,5~8拍控右后腿。

⑩1~8拍:1~2拍控右前腿,3~4拍环动到右旁腿,5~6拍环动到右后腿。

(八)立半脚尖

立半脚尖主要是训练脚踝和腿部的力量(见图2-3-32)。

图 2-3-32

学习提示:

(1)立半脚尖时脚掌推地,踝关节绷紧,膝盖伸直,两条腿转开,胯要保持直立,不能向前顶或者向后撅。

(2)半脚尖落脚时,身体重心要保持不变,后背要夹紧上提。

第四节　芭蕾舞中间训练

跳跃是舞蹈中的重要组成部分,跳跃的训练可以提高腿部的弹跳能力,它分为小跳、中跳和大跳,按照跳跃的性质又可以分为单起单落、单起双落、换脚跳、双起单落和双起双落。本节主要讲述小跳和中跳。

跳跃组合

一、基本动作

(一)小跳

小跳可以在一位、二位、五位脚上进行,以一位小跳为例:一位脚站立准备,起跳时经过半蹲,双脚推地跳起,起跳过程中双膝伸直绷脚夹紧,腰要保持直立,落地后,一位半蹲,最后伸直还原到一位站立(见图2-4-1和图2-4-2)。

　　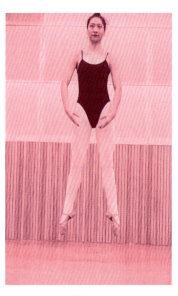

图 2-4-1　　　　　　　　　　图 2-4-2

(二)中跳

中跳可以在一位、二位、五位脚上进行训练,中跳是在小跳的基础上加大弹跳的力量,比小跳的高度更高,上身的要求与小跳相同,但半蹲要比小跳的深,起跳时快速有力地推地,绷脚背,直膝,用膝关节的韧性与大腿、小腿的肌肉能力奋力向上(见图2-4-3和图2-4-4)。

学习提示:

(1)小跳过程要始终保持身体直立,不可扣胯撅臀、上身前倾。

(2)起跳时脚背要用力推地,空中要绷脚背,两腿伸直外开,不可弯腿、勾脚。

(3)落地时先脚掌着地,然后脚后跟着地。

(4)在跳跃时要注意缓冲,防止受伤。

图 2-4-3

图 2-4-4

二、中间动作组合

(1)小跳组合示例:

音乐:2/4 拍。

准备位:中间一位准备。

①1～8 拍:1～2 拍一位半蹲,3 拍向上跳跃,4 拍落地,5～6 拍重复 1～2 拍动作,7 拍向上跳跃,8 拍落地。

②1～8 拍:1～2 拍一位半蹲,3 拍向上跳跃,4 拍落地,5～6 拍重复 1～2 拍动作,7 拍向上跳跃,8 拍落地同时双脚打开至二位,双手七位。

③1～8 拍:1～2 拍二位半蹲,3 拍向上跳跃,4 拍落地,5～6 拍重复 1～2 拍动作,7 拍向上跳跃,8 拍落地。

④1～8 拍:1～2 拍二位半蹲,3 拍向上跳跃,4 拍落地,5～6 拍重复 1～2 拍动作,7 拍向上跳跃,8 拍落地,双脚、双手收至一位。

⑤1～8 拍:1～2 拍一位半蹲,3～4 拍双脚打开至二位,双手七位,5～6 拍二位半蹲,7～8 拍收一位。

⑥1～8 拍:重复⑤的动作。

⑦1～8 拍:1～2 拍左腿小吸腿做右单腿跳跃,同时右手二位、左手七位,3～4 拍换腿跳(与 1～2 拍动作相反),5～6 拍重复 1～2 拍动作,7～8 拍重复 3～4 拍动作。

⑧1～8 拍:重复⑦的动作。

⑨1～8 拍:重复⑤的动作。

⑩1～8 拍:重复⑨的动作。

(2)走步与行礼组合示例:

音乐:2/4 拍。

准备位:4、6 点方位准备。

走步与行礼

①1～8拍:脚下走步,双手小二位。
②1～8拍:右脚前五位,双脚半脚尖,原地逆时针方向转圈,双手胸前抱手。
③1～8拍:脚下走步,双手小二位,面向1点走步。
④1～8拍:1～2拍立半脚尖,起双手至头顶,面向1点,3～4拍落手臂,面向正7点,5～6拍起双手至头顶,面向正5点,7～8拍落手臂,面向1点。整个动作过程是在立半脚尖上进行。
⑤1～8拍:1～6拍向2点方向走步,右手二位,左手七位,7～8拍做阿拉贝斯克舞姿。
⑥1～8拍:重复②的动作。
⑦1～8拍:面向8点方向做与⑤同性质的动作,方向相反。
⑧1～8拍:重复②的动作。
⑨1～8拍:1～2拍吸左腿,3～4拍吸右腿,5～8拍向前小碎步移动,双手位于斜上方。
⑩1～8拍:重复⑨的动作
⑪1～8拍:1～4拍向5点方向轻跑步,5～8拍面向1点。
⑫1～8拍:1～2拍左脚旁擦地,3～4拍划圈到后,5～6拍行礼,7～8拍收回。
⑬1～8拍:动作性质与⑫一样,做反面动作。

第三章

中国古典舞训练

1. 通过对中国古典舞的学习,掌握古典舞的风格、韵律,熟练地掌握中国古典舞的基本功、技术技巧。
2. 通过对中国古典舞身韵的学习,培养民族传统审美意识,增强艺术表现能力。
3. 通过训练,逐渐提高节奏感、协调性、柔韧性和动作美感。

第一节　中国古典舞基本功训练

中国古典舞历史悠久、博大精深,是经过历代专业工作者提炼、整理、加工、创造,并经过较长时期艺术实践的检验,流传下来的被认为具有一定典范意义和古典风格特点的舞蹈。

中国古典舞是中华民族文化的艺术结晶,在中国舞蹈史上有着极其重要的地位,它凝聚着中华民族舞蹈艺术的精髓与民族审美风范。它是在继承传统舞蹈的基础上,从戏曲舞蹈和武术身法中提取精华,并结合中国古代舞蹈美学以及当代审美观点和原理,形成的具有时代性的独特的艺术语言。

身韵、身法和技巧是中国古典舞的主要表现内容。身韵是中国古典舞的内涵,身法是指舞姿和动作,技巧是指技术性较强、具有一定难度的舞蹈动作。中国古典舞在表演时非常强调"形神兼备、身心互融、内外统一"。

一、古典舞的站立形态、头的基本位置

(一)古典舞的站立形态要求

头保持端正,眼睛平视前方,颈部立直,沉肩、收腹、立腰、提臀拔背、膝盖伸直、沉脚跟,身体韧带和肌肉在对抗力量中伸展挺拔(见图 3-1-1 和图 3-1-2)。

图 3-1-1　　　　　　　　图 3-1-2

(二)头部的基本位置

舞蹈表演要求头部灵活,头部训练可以提高头部和颈部的灵活性和柔韧性。

头的基本位置有 13 个,分别是正中位、中上位、中下位、右侧中位、右侧上位、右侧下位、左侧中位、左侧上位、左侧下位、左转头位、右转头位、左侧倾位和右侧倾位。

(1)正中位:头垂直,面向正前方,眼睛平视(见图 3-1-3)。

(2)中上位:在正中位的基础上仰头 45°,下颌用力向上(见图 3-1-4)。

(3)中下位:在正中位的基础上低头 45°,下颌用力向下(见图 3-1-5)。

图 3-1-3　　　　　　　图 3-1-4　　　　　　　图 3-1-5

(4)右侧中位:在正中位的基础上向右转 45°。

(5)右侧上位:在右侧中位的基础上向上仰头 45°(见图 3-1-6)。

(6)右侧下位:在右侧中位的基础上向下低头 45°(见图 3-1-7)。

(7)左侧中位:在正中位的基础上向左转 45°。

(8)左侧上位:在左侧中位的基础上向上仰头 45°(见图 3-1-8)。

图 3-1-6　　　　　　　　图 3-1-7　　　　　　　　图 3-1-8

(9) 左侧下位：在左侧中位的基础上向下低头 45°（见图 3-1-9）。

(10) 左转头位：在正中位的基础上向左沿水平线转动 90°（见图 3-1-10）。

(11) 右转头位：在正中位的基础上向右沿水平线转动 90°（见图 3-1-11）。

图 3-1-9　　　　　　　　图 3-1-10　　　　　　　图 3-1-11

(12) 左侧倾位：在正中位的基础上向左侧倾 45°（见图 3-1-12）。

(13) 右侧倾位：在正中位的基础上向右侧倾 45°（见图 3-1-13）。

学习提示：在做头部运动时，刚开始动作不要太快，否则容易出现损伤，尤其是转头动作。

图 3-1-12　　　　　　　　图 3-1-13

二、古典舞的手形、手位

(一) 手形

中国古典舞的手形分为掌形、拳形和指形。

1. 女子手形

(1) 掌形。

兰花掌：又称兰花手，五指挺直，虎口收紧，中指突出，拇指向中指靠拢，呈兰花状(见图3-1-14)。

(2) 拳形。

五指向掌心弯曲，拇指贴于食指和中指的指尖，半握拳，掌心留空(见图3-1-15)。

图 3-1-14

图 3-1-15

(3) 指形。

兰花指：拇指与中指指尖相捏，呈O形，食指伸直上翘，其余两指自然弯曲与中指并拢，手形似兰花(见图3-1-16)。

2. 男子手形

(1) 掌形。

虎口掌：虎口撑开，四指伸直，指尖用力微向上翘，手掌呈涡形(见图3-1-17)。

图 3-1-16

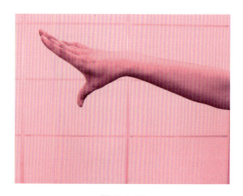

图 3-1-17

(2)拳形。

实心拳:五指向掌心弯曲,握成实心拳,拇指贴在食指上,手腕微向内扣,形成拳形(见图3-1-18)。

(3)指形。

剑指:食指与中指并拢挺直,指跟用力,拇指与无名指指尖相捏,小拇指自然弯曲贴于无名指上(见图3-1-19)。

图 3-1-18　　　　　　　　　　　图 3-1-19

(二)手位

1.预备位

双背手:双手兰花手背于身后臀部的位置,双肩下沉、展平(见图3-1-20和图3-1-21)。

图 3-1-20　　　　　　　　　　　图 3-1-21

2.叉腰手

叉腰手有两种,一种是双手虎口掌形,叉在腰间,压腕,双肘对正旁,男女都可以用(见图

3-1-22);另一种是兰花指手形,提腕叉在腰间(见图3-1-23和图3-1-24)。

图 3-1-22

图 3-1-23

3. 单山膀

手臂呈半圆弧形,平抬于体侧,与肩同高,沉肩松肘,小臂内旋,掌心向旁,手腕微扣,指尖微向上,女性手形是兰花掌(见图3-1-25),男性手形是虎口掌,其余动作做法相同。

图 3-1-24

图 3-1-25

4. 双山膀

双手同时做单山膀,动作要领同单山膀(见图3-1-26)。

图 3-1-26

5. 按掌位

小臂屈臂于身前呈下滑弧状,掌心朝斜下按在身前,位置约在胃的高度,距离身体约 25 厘米,沉肩,女性手形是兰花掌(见图 3-1-27),男性手形是虎口掌,其余动作做法相同。

6. 托掌位

手臂呈弧形,托于头的前上方,掌心向上,沉肩,肘打开向旁,女性手形是兰花掌(见图 3-1-28),男性手形是虎口掌,其余动作做法相同。

图 3-1-27　　　　　　　图 3-1-28

7. 双托掌位

双手呈托掌位(见图 3-1-29)。

8. 扬掌位

手臂举到身体侧斜上方,掌心向上,手臂外旋,女性手形是兰花掌(见图 3-1-30),男性手形是虎口掌,其余动作做法相同。

图 3-1-29

图 3-1-30

9. 双扬掌位

双手呈扬掌位（见图 3-1-31）。

图 3-1-31

10. 提襟位

手臂内旋屈臂呈弧形，握拳提于胯旁，手腕微扣，拳眼对向胯骨，女性拳形是空心拳（见图 3-1-32），男性拳形是实心拳，其余动作做法相同。

11. 托按掌

一手托掌位，一手按掌位（见图 3-1-33）。

图 3-1-32

图 3-1-33

12. 顺风旗

一手为托掌位，一手为单山膀（见图 3-1-34）。

13. 山膀按掌

一手为按掌位，一手为单山膀（见图 3-1-35）。

图 3-1-34

图 3-1-35

三、古典舞手臂的基本动作、基本姿态

1. 摊掌

以腕关节为轴，手由体前向外翻出，掌心向上往旁摊出（见图 3-1-36 和图 3-1-37）。

图 3-1-36

图 3-1-37

2. 撩掌

手背朝上,手腕带动手臂,从身旁向上撩起,注意男、女掌形的不同(见图 3-1-38)。

3. 盖掌

掌心朝下,手臂由头上方向下盖至胸前,注意男、女掌形的不同(见图 3-1-39)。

图 3-1-38

图 3-1-39

4. 切掌

掌心朝身体,手臂从头上方向下方切,注意男、女掌形的不同(见图 3-1-40)。

图 3-1-40

5. 推掌

以腕关节为轴,经绕腕,掌心向外、向旁或者向其他方向推出,指尖朝上。

6. 端掌

掌心朝上,手臂由下方端至胸前(见图 3-1-41)。

图 3-1-41

7. 穿掌

穿掌又称穿手,是手臂内旋和外旋的动作,分为单臂上穿手、斜下穿手、双臂交替上穿手等。双臂交替上穿手(以右为例):右小臂屈臂内旋,指尖朝上,从体前下方经胸前向头上方穿行,左手臂同时由上向下经盖掌沿右手臂外侧下落,右手穿至上位,左手至下位(见图 3-1-42 至图 3-1-44)。

图 3-1-42　　　　　　　图 3-1-43　　　　　　　图 3-1-44

8. 双晃手

双臂间距与肩同宽,双手同时由手腕带动,沿着立圆的路线从左到右或者从右到左做划圆的动作,晃动时,双臂靠近身体,动作要连贯。双晃手可以分为以腕关节为轴心的小晃、以肘关节为轴心的中晃、以肩关节为轴心的大晃(见图 3-1-45 至图 3-1-48)。

图 3-1-45

图 3-1-46

图 3-1-47

图 3-1-48

9. 云手

以左手为例：右手端掌，左臂山膀位，左手由外向里划半圆，右手从里向外划半圆，双臂在胸前交叉，掌心相对，左臂在上，右臂在下，接着左手做内盘手，同时右手做外盘手一周，呈右臂上、左臂下，双臂动作如同揉球。(见图 3-1-49 至图 3-1-54)

10. 摇臂

摇臂可分为前摇臂和后摇臂，前摇臂是手臂在身体两侧交替由后经上向前划立圆的动作，后摇臂是手臂在身体两侧交替由前经上向后划立圆的动作(见图 3-1-55 至图 3-1-58)。

图 3-1-49

图 3-1-50

图 3-1-51

图 3-1-52

图 3-1-53

图 3-1-54

图 3-1-55

图 3-1-56

图 3-1-57

图 3-1-58

11. 小五花

双手手背相对，手腕相靠，以手腕为轴，一手向外环绕，一手向里环绕，环绕一周呈手腕相对，再以对称动作完成小五花，做动作时手腕的转动幅度要大(见图 3-1-59 至图 3-1-62)。

图 3-1-59

图 3-1-60

图 3-1-61

图 3-1-62

四、古典舞的脚形、脚位和基本步法

(一)脚形

1. 勾脚

勾脚是指脚尖最大限度地勾起,脚背内屈,脚跟往远蹬,脚与腿基本垂直(见图 3-1-63)。

2. 绷脚

绷脚是指脚腕伸展,脚背向上拱,脚尖向下压(见图 3-1-64)。

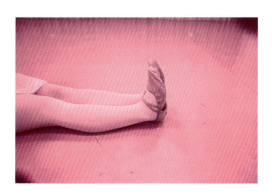

图 3-1-63

图 3-1-64

3. 撇脚

在勾脚的基础上,踝关节向外侧横摆(见图 3-1-65)。

4. 扣脚

在绷脚的基础上,踝关节向内侧横摆(见图 3-1-66)。

图 3-1-65

图 3-1-66

(二)脚位

1. 正步

两脚跟并拢,脚尖对正前方(见图 3-1-67)。

图 3-1-67

2. 小八字步

两脚跟靠拢,脚尖分开呈八字形,重心在两脚上(见图 3-1-68)。

图 3-1-68

3. 大八字步

在小八字步的基础上，两脚跟分开，两脚相隔约一脚的距离，重心在两脚上（见图 3-1-69）。

4. 丁字步

一脚脚跟与另一脚的脚心相靠，呈丁字状，重心在两脚上。丁字步分为左丁字步和右丁字步，左脚脚跟靠在右脚脚心处呈左丁字位（见图 3-1-70），相反为右丁字位。

图 3-1-69

图 3-1-70

5. 踏步

在丁字步的基础上，后脚向后撤步，脚掌点地或绷脚点地，后腿膝部微屈，靠在前腿膝后，重心在前腿。踏步分为左踏步位和右踏步位（见图 3-1-71）。

图 3-1-71

6. 大掖步

大掖步又叫大踏步，前腿屈膝半蹲，后腿伸直绷脚点地，身体做横拧姿态，重心在前腿上（见图 3-1-72）。

图 3-1-72

7. 点步

点步可以分为前点步、旁点步和后点步。前点步是指前腿在身体前方直膝绷脚向前点地,后腿保持直立(见图 3-1-73)。旁点步(见图 3-1-74)和后点步(见图 3-1-75)动作同前点步,但是方向不同。

图 3-1-73　　　　　　　图 3-1-74

图 3-1-75

8. 弓箭步

弓箭步可以分为前弓箭步和旁弓箭步。前弓箭步是指前腿向前迈步屈腿呈 90°,后腿伸直,全脚着地,两腿呈弓形,重心在两腿之间(见图 3-1-76)。旁弓箭步是一腿向旁迈步屈腿呈 90°,另一腿伸直,全脚着地,两腿呈弓形,重心在两腿之间(见图 3-1-77)。

图 3-1-76

图 3-1-77

9. 扑步

在旁弓箭步的基础上深蹲,身体前俯,腆胸展背,手臂舒展延伸。

(三)基本步法

1. 圆场步

正步位准备,脚跟出步压到脚掌,两脚交替进行,两膝盖内侧要贴紧并微屈,步子要小,上身保持平稳。

2. 花帮步

正步位准备,双脚内踝和双膝并拢,立半脚掌,左右脚抬起脚掌一起一落快速交替进行,可向前、旁、后快速移动。

学习提示:不可用脚掌蹭地移动。

3. 蹉步

蹉步是丁字步上的移动,由前脚勾脚上步,脚跟落地,经过勾压到脚掌的过程,同时后脚催前脚,用脚心处向前脚脚跟靠拢,形成重心的移动,一般可以连续做。

学习提示:

(1)注意重心的移动配合。

(2)快蹉步要有"寸劲"。

五、古典舞腿的基本动作和基本舞姿

(一)腿的基本动作

1. 掖腿

主力腿保持直立,动力腿绷脚,屈膝外开,踝关节内侧贴于主力腿膝关节后方(见图 3-1-78)。

图 3-1-78

2. 前吸腿

　　主力腿保持直立,动力腿绷脚屈膝向前,脚尖贴于主力腿膝关节内侧,膝盖对正前方(见图 3-1-79)。

图 3-1-79

3. 旁吸腿

　　主力腿保持直立,动力腿绷脚屈膝向旁,脚尖贴于主力腿膝关节内侧,膝盖外开对身旁(见图 3-1-80)。

图 3-1-80

(二)腿的基本舞姿

1. 小射雁

小射雁又称立身射雁,是指主力腿保持直立,动力腿绷脚,小腿向后抬起,膝盖对主力腿膝盖窝,上身拧腰,头往拧腰的方向看出,手臂可做顺风旗等舞姿(见图 3-1-81)。

图 3-1-81

2. 大射雁

主力腿弯曲,同时动力腿小腿屈膝向上抬起 90°,身体横拧 45°,腿与头形成两头上翘的舞姿,重心在主力腿上(见图 3-1-82)。

图 3-1-82

3. 斜探海

在立身射雁的基础上,上身旁提并拧腰,主力腿和动力腿交叉,主力腿可以蹲也可以踮脚,动力腿尽力向上抬(见图 3-1-83)。

图 3-1-83

第二节　中国古典舞身韵

中国古典舞的身韵是身法与韵律的总称。身法属于外部的技法范畴,韵律则属于艺术的内涵神采,它们二者有机结合并渗透,才能真正体现中国古典舞的风貌及审美的精髓。身韵包括以下基本要素:形、神、劲、律。形,即外在动作,包含姿态及其动作连接的运动线路。神,即神韵、心意,是起主导支配作用的部分。劲,就是力,包含轻重、缓急、强弱、长短、刚柔等关系的艺术处理。律,也就是动作本身的运动规律。中国古典舞身韵的动作元素包括沉、提、冲、靠、含、腆、横、移、旁提等。

一、身韵的基本动作元素

(一) 沉

沉是指在身体直立的状态下,通过呼气使气息下沉到小腹,同时带动腰椎、胸椎和颈椎一节一节地下压,使上身下沉,形成胸部微含、上身微弯状(见图 3-2-1 和图 3-2-2)。

图 3-2-1

图 3-2-2

(二)提

提是在沉的基础上,通过深吸气,使气息均匀地由小腹提至胸腔,同时带动腰椎、胸椎和颈椎一节一节地直立,气息继续向上延伸到头顶,使身体抻长(见图 3-2-3)。

图 3-2-3

(三)冲

做冲时要先做提,然后在沉的过程中,腰部发力用肩部和胸部向 2 点或者 8 点方向水平冲出,注意肩与地面要保持平行,上身不要向前倾,骨盆固定,不要移动,目光和冲的方向相同(见图 3-2-4)。

图 3-2-4

(四)靠

靠和冲是相对应的身韵动作元素,一般在一起练习。做靠时要先做提,然后在沉的过程中,腰部发力推动后肩部和后侧肋带动上身向4点或6点方向水平移出,肩要与地面保持平行,骨盆要固定,上身不可以出现向后躺倒的状态,头和颈部略向下梗(见图3-2-5)。

图 3-2-5

(五)含

含的过程和沉一样,是在提的基础上先经过沉,再继续加深吐气,使胸腔内收的幅度比沉的幅度大,腰椎形成弓形,低头弓背(见图3-2-6)。

图 3-2-6

(六)腆

腆和含是一对相反的动作,是在提的过程中,头微仰,双肩向后展开,胸向前探,使上身的肩部和胸部完全舒展开(见图3-2-7)。

(七)横移

横移是先做提的动作,然后在沉的过程中,用腰部发力推动肩部和胸部向身体正旁(即3点或7点方向)水平移出至最大限度,头的方向与移的方向相反,移时注意肩要与地面保持平行,骨盆要固定,横移是左右的动律(见图3-2-8)。

图 3-2-7

图 3-2-8

(八)旁提

旁提是在沉的基础上,在提的过程中,由一侧的腰带动肋骨和肩部慢慢地一节一节地向上提,使旁腰做最大限度的拉伸,上身呈弯月状,做动作时不可以耸肩(见图 3-2-9)。

图 3-2-9

二、组合练习

(一)中国古典舞身韵组合

音乐:2/4拍。音乐风格:中速、柔美。

准备位:面向7点方位吸腿正步坐,双手膝前抱手。

①1~8拍:右手手臂3、7点方向做摇臂。

②1~8拍:1~4拍面向2点方向做顺风旗(右手上,左手山膀),5~8拍收左腿成双腿盘坐,双手背后。

③1~8拍:1~4拍做提,5~8拍做沉。

④1~8拍:1~4拍双手旁起手臂,同时做提,5~8拍落手臂做沉。

⑤1~8拍:1~4拍右手提压腕,同时做提、沉,5~8拍左手提压腕,同时做提、沉。

⑥1~8拍:1~2拍向2点方向做冲,3~4拍向6点方向做靠,5~6拍重复1~2拍动作,7~8拍重复3~4拍动作。

⑦1~8拍:1~4拍右手3、7点划立圆成扬掌,身体向6点方向做靠,5~6拍向8点方向做冲,7~8拍回6点方向做靠。

⑧1~8拍:1~8拍3、7点方向双合掌做横移,2拍1次,共做4次。

⑨1~8拍:1~4拍向前双摊手做腆,5~8拍向后回做仰。

⑩1~8拍:1~4拍下右旁腰向左做上仰,5~8拍做反面。

⑪1~8拍:重复⑧的动作。

⑫1~8拍:1~2拍双摊手向8点方向做冲,3~4拍双手小三指,上身向4点方向做靠,5~8拍重复1~4拍动作。

⑬1~8拍:1~2拍双手合掌,3~4拍向8点方向做冲,5~6拍胸前双合掌,7~8拍向8点方向做冲。

⑭1~8拍:双手胸前双晃手2次,4拍1次。

⑮1~8拍:重复⑬的动作。

⑯1~8拍:左右手分别做摊手和盖手,同时身体做横移,2拍1次做2次,1拍1次做4次。

⑰1~8拍:1~4拍双手合掌向前腆,5~6拍收回做含,7~8拍做仰。

⑱1~8拍:胸前双晃手,小的2次,大的2次,2拍1次。

⑲1~8拍:1~4拍双手向前,做冲、靠、含、移,5~8拍上身舞姿做祥云飘步式。

(二)古典舞综合组合赏析:《故人泪》

音乐:2/4拍。音乐风格:中速、活泼。

动作提示:

(1)3点圆场步出场;

(2)原地转圈;

(3)右手单山膀,托掌,顺风旗;

(4)重心左、右边移动,做摊手和盖手;

(5)山膀小射雁;

(6)双手抹手划"8"字;

(7)双手折腕,脚下变换重心;

(8)小五花、云手;

(9)点步翻身;

(10)大掖步、小五花。

第三部分　中国民族民间舞

第四章

中国民族民间舞

我国是一个多民族国家,由五十六个民族组成,各个民族都经历了漫长岁月的洗礼从而沉淀形成了具有自身民族特色的舞蹈。民族舞蹈是人类发展进步的艺术产物,它生动地反映了各族人民的生活劳作、岁时节令、婚丧礼仪、信仰崇拜、民俗活动等,同时还具有传统浓厚的民族风格特点和民俗风情。我国民族舞蹈种类颇多,形式多样,情感丰富。

本章在选材上主要选取了五个常见的民族民间舞——藏族舞、东北秧歌、蒙古族舞、维吾尔族舞和傣族舞,结合教育学专业课程大纲,做到少而精。动作设计由易到难循序渐进,所有组合均为主编老师在教学中原创的素材,形式简单、易懂好学且不枯燥。每节内容包括理论—基本动作—基本组合—表演组合,适合不同程度的学生进行学习,同时也可以作为教辅材料。

第一节 藏族民间舞

学习目标

1. 了解藏族的地域文化特色。
2. 掌握藏族民间舞蹈的风格特点及基本动作。
3. 掌握藏族舞蹈中的一顺边在舞蹈里的运用。

一、基本介绍

藏族人民主要生活在我国西藏自治区和青海、甘肃、云南等地区,他们有着悠久的历史文化,创造出了丰富的民族文化艺术。藏族民间舞有着特有的舞蹈形式——歌舞一体、歌舞相融,舞蹈种类极其丰富,大体可分为自娱性舞蹈和表演性舞蹈两大类。藏族舞蹈的风格特点的形成与该民族的生活习性、劳作及宗教礼仪有着密切的关系。屈膝、松胯、弓腰等是藏族舞蹈中的基本形态。颤、开、绕、顺等是藏族舞蹈的基本动作元素。"无屈不成动,欲动必先屈"则是藏族舞蹈的动作规律。在藏族民间舞蹈教学中,最常见的训练内容为踢踏和弦子。藏族舞蹈大部分的动作审美为一顺边的美。

二、基本体态

双脚自然位,双腿站直,脚跟内侧靠拢,膝盖松弛而不僵硬,胯部放松。上身松弛而不懈,两手臂自然下垂于身体两侧,身体微向前送,含胸,眼睛平视前方(见图 4-1-1)。

图 4-1-1

三、基本动律

膝部关节的颤动连续不断、小而快且富有弹性;膝部的屈伸连绵不断并在行进中形成重心的变换与移动,同时带动上身动作,手臂上的动作多为附随而动。

四、基本动作

1. 基本手形

两手臂于体旁五指并拢,向前平伸(见图 4-1-2)。

图 4-1-2

2. 基本手位

基本手位有扶胯位（见图4-1-3）、单臂袖（见图4-1-4）、斜下位（见图4-1-5）、斜上位（见图4-1-6）。

图 4-1-3

图 4-1-4

图 4-1-5

图 4-1-6

3. 手臂基本动作

（1）单臂撩袖——单手臂由下经过体前向上撩袖，到位后手腕向上或向外摆动，带动水袖，左右手臂可以交换撩袖（见图4-1-7）。

（2）双臂甩袖——两手臂自然位于身体两侧，然后屈肘抬于胸前，手心向下，双手由胸前以腕臂向上、向外掏出做甩袖，另外还可以做双小臂屈肘里绕环，然后双臂屈肘收于肩上，双小臂再向前抛出甩袖。

（3）摆袖——多为横向摆袖，双臂自然下垂，双手横向摆动，手腕带动小臂（见图4-1-8）。

(4)悠摆袖——多为前后悠摆袖,两手臂下垂,手腕主动,以肘带动手臂做前后 45°摆动(见图 4-1-9)。

图 4-1-7　　　　　　　　　图 4-1-8　　　　　　　　　图 4-1-9

(5)晃袖——双臂屈肘于胸前,从内向外到旁边划圆,双手带动手臂随着步伐、节奏的变化做左右绕环晃袖(见图 4-1-10)。

(6)献哈达——两手臂由腰部两侧掏手向前平摊手,手心向上,身体和头略前倾,左腿为主力腿,屈膝侧弯、全脚着地,右脚向 8 点方向伸出,脚跟落地(见图 4-1-11)。

图 4-1-10　　　　　　　　　图 4-1-11

4. 基本脚位

基本脚位有自然位(见图 4-1-12)、小八字位(见图 4-1-13)、丁字位(见图 4-1-14)。

5. 脚下基本步伐

(1)平步——双腿屈膝交替向前迈步,身体随动。

(2)单靠——右脚向旁平移一步,左脚屈膝抬起,外开脚腕,靠于右脚的斜前位(见图 4-1-15)。反面则左脚先起,向旁边移动一步,动作一样。

(3)长靠——右脚向斜后平移一步,左脚伸直收于前丁字位。

图 4-1-12

图 4-1-13

图 4-1-14

(4)拖步——双腿屈膝交替向旁(左或右)大迈步,身体留住,重心要稳(见图 4-1-16)。

(5)单撩——双腿屈膝交替向前撩抬 25°再落下(见图 4-1-17)。

图 4-1-15

图 4-1-16

图 4-1-17

(6)平踏步——双脚全脚掌着地,膝盖放松,交替匀速平踏地面(见图 4-1-18)。

(7)抬踏步——前脚掌抬起、落下(分双抬踏和交替抬踏)(见图 4-1-19)。

(8)退踏步——动力腿退一步,主力腿原地踏一步,动力腿进一步踏步定点(见图 4-1-20)。

(9)嘀嗒步——双起单落于丁字位,双脚交错抬踏(见图 4-1-21)。

(10)第一基本步——主力腿抬踏,同时动力腿全脚掌抬起、落下(见图 4-1-22)。

(11)第二基本步——在第一基本步的基础上向旁边移动,脚下交替踏步。

(12)七下退踏步——在抬踏步和退踏步的基础上,主力腿原地踏一次,完成七步(见图 4-1-23)。

图 4-1-18

图 4-1-19

图 4-1-20

图 4-1-21

图 4-1-22

图 4-1-23

(13)三步一踏——右脚(或者左脚)向旁边迈三步,最后一步踏住定点。

(14)三步一撩——右脚(或者左脚)在单撩的基础上向旁边迈三步进行撩腿。

(15)三步一靠——右脚(或者左脚)在单靠的基础上向旁边移动三步进行靠步。

五、基本组合

基本组合(一):踢踏短句,2/4拍。

准备位:正步位,双手自然位由下而上平摊开扶于胯上。

①1～8拍:原地双手扶胯颤膝,1拍1次。

②1～8拍:第一基本步,左脚先起,1拍1次。

③1～8拍:第一基本步,右脚先起,1拍1次。

④1~8拍:第二基本步,右脚先起,向右移动,1拍1次。

⑤1~8拍:第二基本步,左脚先起,向左移动,1拍1次。

⑥1~8拍:退踏步,动力腿右脚先向后退一步,主力腿左脚原地踏一步,动力腿向前进一步踏步并定住。

⑦1~8拍:抬踏步,第1拍右脚先抬起,落下,左脚踏一下。

⑧1~8拍:动作与⑦性质一样,左脚先抬,动作一样。

⑨1~8拍:原地平踏步1个8拍,1拍1次。

⑩1~8拍:1~2拍双手于斜上方平托手,3~4拍自转一圈,5~6拍吸左腿,7~8拍献哈达——两手臂由身体两侧向前平摊开,手心向上,右腿向8点方向直腿伸出,脚跟落地,主力腿左腿屈膝,眼睛看右斜下方(结束)。

基本组合(二):弦子短句,2/4拍。

准备位:正步位,双手自然位由下而上平摊开扶于胯上。

①1~8拍:原地屈伸4次,2拍1次。

②1~8拍:重复①的动作。

③1~8拍:右脚向右屈膝迈步,左脚勾脚,脚跟靠于右脚足弓处成丁字位,1~2拍迈右脚,3~4拍靠左脚,5~8拍屈伸1次。

④1~8拍:左脚向左屈膝迈步,右脚勾脚,脚跟靠于左脚足弓处成丁字位,1~2拍迈左脚,3~4拍靠右脚,5~8拍屈伸1次。

⑤1~8拍:右脚向前屈膝迈步,左脚勾脚,脚跟位于右脚的前面,1~2拍迈右脚,3~4拍靠左脚,5~6拍迈左脚,7~8拍迈右脚。

⑥1~8拍:重复⑤的动作。

⑦1~8拍:1~2拍右脚向右斜前方迈步,双手向斜上方抛袖,3~4拍左脚靠步,双手扶于胯上,5~8拍动作反向。

⑧1~8拍:重复⑦的动作。

⑨1~8拍:1~2拍右脚向右迈一步,同时双手向两边甩袖,3~4拍左脚长靠步,左手单撩袖。

⑩1~8拍:动作与⑨反向,动作性质不变。

六、表演组合

片段赏析:《卓玛》,2/4拍,音乐风格轻柔、舒缓(学生示范,见图4-1-24)。

动作提示:

(1)出场的方位——4点。

(2)原地踏点屈膝转。

(3)第一基本步、第二基本步。

(4)胸腰与一顺边的动作协调。

(5)注意撩袖与抛袖的手臂力量。

(6)掌握基本步伐三步一撩、平步、拖步、撩步等动作要领。

(7)面向2点方向双膝跪地、塌腰,右手托腮,左手架肘。

图 4-1-24

舞蹈表演《卓玛》

 课后思考与练习

1.藏族舞蹈的基本体态和律动是什么?

2.简述藏族舞蹈有哪些手臂动作并加以练习。

3.简述藏族舞蹈有哪些脚下动作并加以练习。

4.谈谈屈膝在藏族舞蹈中的重要性及运用。

5.综合所学的藏族舞蹈基本知识和视频资料,课后自己创编一段藏族舞蹈(音乐自选)。

第二节　　汉族民间舞:东北秧歌

 学习目标

1.了解汉族的地域文化特色。

2.掌握东北秧歌手上花的种类与运用。

3.掌握东北秧歌的特点"艮、浪、俏"。

一、基本介绍

汉族是我国人口最多、分布最广的民族。汉族舞蹈主要分布在我国的华东、东北、长江中下游等三大平原地区,延伸至西南云贵高原的丘陵河谷地带。汉族民间舞蹈不但内容丰

富,而且种类繁多、风格各异,最具代表性的为秧歌舞。秧歌舞一般都是手持手绢花、扇子、手巾、彩绸等道具。在不同的地域有着不同的秧歌,如陕北秧歌、东北秧歌、云南花灯、鼓子秧歌、海阳大秧歌、胶州秧歌等,总体可归纳为北方的秧歌和南方的秧歌,北方的秧歌热烈质朴、场面壮观,而南方的秧歌则显得秀丽、精致、婀娜多姿。本节主要介绍东北秧歌,东北秧歌具有浓厚的北方地域色彩,多为广大人民群众喜爱的群众性歌舞形式,在秧歌舞中夹带着热情、逗趣、放松、豪放的感觉。稳中浪、浪中艮、艮中俏,踩在板上,扭在腰上,是东北秧歌的最大特点,同时繁多耀眼的手上花也是一大特色。东北秧歌动作上体现出收与放、动与静、强与弱的鲜明对比,同时也体现出东北人民质朴、热情、豪爽的性格特点。

二、基本体态

脚下正步位,上身前倾,略含胸,膝盖伸直,上身和双手随着重心的移动而俯仰摆甩,通过腰部的控制能力来保持身体的平衡,总体可归纳为"微提气、身要稳、脚后踢、腰先摆、腕有力、臂松弛"(见图4-2-1)。

图 4-2-1

三、基本动律

(1)前后动律——腰部发力,经腰划下弧线前后扭动。

(2)上下动律——腰部发力,经腰划下弧线上下扭动。

(3)划圆动律——腰部发力,划"8"字弧线扭动。

四、基本动作

1.基本持巾法

基本持巾法包括单指握巾(见图4-2-2)、全把握巾(将手绢花握于虎口,手握拳)(见图4-2-3)。

图 4-2-2　　　　　图 4-2-3

2. 基本手位

基本手位包括叉腰位（见图 4-2-4）、胸前位（见图 4-2-5）、旁按手位（见图 4-2-6）、双托手位（见图 4-2-7）等。

图 4-2-4　　　　　图 4-2-5

图 4-2-6　　　　　图 4-2-7

3. 手臂基本动作

(1) 单臂花——右手（或左手）提至胸前或体旁进行绕花（见图4-2-8）。

(2) 双臂花——双手提至胸前或体旁同时绕花（见图4-2-9）。

图 4-2-8　　　　　　　　　图 4-2-9

(3) 交替花——在胸前交替做左右手的单臂花（注：可做大的单臂花，也可做小的单臂花）。

(4) 里片花——全手握手绢，以腕为轴，向里划竖"8"字绕花（见图4-2-10）。

(5) 外片花——动作与里片花一样，但运动路线相反（见图4-2-11）。

图 4-2-10　　　　　　　　　图 4-2-11

(6) 蝴蝶花——双手胸前交叉绕花，经下弧线至体旁绕花（见图4-2-12和图4-2-13）。

图 4-2-12　　　　　　　　　　　　图 4-2-13

(7) 蚌蛤花——双臂从身体两边起,经过上方绕花到胸前,然后双臂经过上方绕花旁打开(见图 4-2-14 和图 4-2-15)。

图 4-2-14　　　　　　　　　　　　图 4-2-15

(8) 顶转花——双手的食指立直连续向内转手绢花,不要提压腕(见图 4-2-16)。

(9) 立转花——用手的三指(大拇指、食指、中指)抓住手绢花的边沿,掌心为空,向里连续转手绢花,此时绢面向前呈立式花状转动(见图 4-2-17)。

图 4-2-16　　　　　　　　　图 4-2-17

4. 基本脚位

基本脚位有正步位(见图 4-2-18)、小八字位(见图 4-2-19)、踏步位(见图 4-2-20)、大掖步位(见图 4-2-21)等。

图 4-2-18　　　　　　　　　图 4-2-19

5. 基本步伐

(1)前踢步——双膝微屈,脚掌擦着地面快出、快收、慢落(见图 4-2-22)。

(2)后踢步——双膝微屈,小腿向后踢,不宜太高,动律是快蹲慢起,在重拍上往后踢(见图 4-2-23)。

(3)侧踢步——动作性质和要领与后踢步一样,但是方向是向旁边踢出(见图 4-2-24)。

第三部分 中国民族民间舞

图 4-2-20

图 4-2-21

图 4-2-22

图 4-2-23

图 4-2-24

（4）跳踢步——半蹲前倾，脚下动力腿向后踢，不要使劲勾脚，也不要使劲绷脚，和我们正常的跑动一样，两脚相互交换向后踢，重拍在动力腿上（见图 4-2-25）。

（5）走场步——双脚交替向前走或者向后走，膝关节微屈，小腿放松，前进、后退时要做出一步一顿的感觉，此时脚腕要有意识地勾脚后跟，整个过程中保持基本体态即可。

（6）十字步——左脚向右迈，右脚向前迈，左脚向左迈，右脚向后迈，形成一个"十"字的运动路线（见图 4-2-26 和图 4-2-27）。

6. 鼓相

在东北秧歌舞蹈中，鼓相是表达人物思想的重要手段，不同的人物运用不同的叫鼓，鼓相动作多由叫鼓、连鼓、翻身、鼓相组成。东北秧歌常用的鼓点有一鼓、二鼓、三鼓、四鼓、五鼓。

图 4-2-25

图 4-2-26

图 4-2-27

五、基本组合

基本组合(一):动律短句,音乐 2/4 拍。

准备:脚下正步位,双手持绢自然下垂,经体前交叉打开至叉腰位。

①1~8 拍:压脚后跟 2 次(4 拍 1 动)。

②1~8 拍:2 拍压脚后跟,2 拍前后律动(右边先做),2 拍压脚后跟,2 拍前后律动(左边)。

③1~8 拍:重复②的动作。

④1~8 拍:2 拍脚下做前踢步(右脚先做),2 拍左脚,做 4 次。

⑤1~8 拍:2 拍压脚后跟,2 拍上下律动(右边先做),2 拍压脚后跟,左边做。

⑥1~8 拍:重复⑤的动作。

⑦1~8 拍:4 拍从右到左做划圆动律,4 拍反向做。

⑧1~8 拍:重复⑦的动作。

⑨1~8 拍:原地侧踢(右、左脚交替做),4 拍右脚,4 拍左脚。

⑩1~8 拍:

一鼓鼓点:咚古儿龙咚锵。

一鼓做法:双脚压脚后跟,双手臂体前打开同时压脚后跟,左脚向左边迈步,右脚快速于左脚后成踏步位,双手绢夹于腋窝下,眼睛看左下方,右手提手腕从右到左划立圆指向 2 点方向,左手提腕位于头顶上,同时半蹲,眼睛看向 2 点方向。

基本组合(二):手绢花组合,音乐 2/4 拍。

准备:脚下正步位,双手持绢自然下垂。

①1~8 拍:2 拍右手单臂花,2 拍左手单臂花(左右手交替做),做 4 次。

②1~8 拍:2 拍双臂花,先身体向右边,2 拍双臂花身体拧向左边(右、左交替做)。

③1~8拍:2拍左脚前踢步,右手做单臂花,2拍右脚前踢步,左手做单臂花(左右手交替做)。

④重复③的动作。

⑤1~8拍:2拍双手胸前手位,2拍右脚后踢步,2拍左脚后踢步,2拍压脚跟。

⑥1~8拍:2拍双脚压脚后跟,原地做蝴蝶花,2拍打开。

⑦1~8拍:2拍走场步(左脚向左边迈),手上做里片花,走4步。

⑧1~8拍:动作性质与⑦一样,反向走回来。

⑨1~8拍:脚下十字步,手上蝴蝶花,2拍左脚先起,右脚结束。

⑩1~8拍:4拍原地蚌蛤花,4拍手上外片花(结束)。

六、表演组合

片段赏析:《大姑娘美大姑娘浪》,2/4拍,音乐风格热情、活泼(学生示范,见图4-2-28)。

图4-2-28　　　　　　　　　舞蹈表演《大姑娘美大姑娘浪》

动作提示:

(1)正3点方向大步走出场,左手手绢花夹腋窝,右手手绢花打肩,甩臂。

(2)身体向7点方向,右脚前做踏点步,托按手,眼睛看1点方向。

(3)右手单臂花。

(4)双手叉腰手,踮脚向1点方向走(注意上身的随动)。

(5)右脚踏点步,手上蝴蝶花(注意上身、头的律动与手上花的律动配合)。

(6)原地小碎步转,手上顺风旗。

(7)脚下横拧带动上身和手臂横拧,做小射雁舞姿(注意动作要干脆利落)。

(8)8点方向小碎步做双推山。

(9)面向8点方向做交替单臂花。

(10)跺脚甩巾。

(11)4点方向退步走,手上里绕花。

(12)3点方向走场步,右手夹手绢花,左手甩手绢。7点方向做反向动作。

(13)面向1点前踢步,双臂花。

(14)大的单臂花,胯部左右扭动。

(15)面向 2 点蝴蝶花。

(16)2 点和 8 点方向外片花,探脚上步(注意需慢出快回)。

(17)原地碾转,右手抛手绢花,面向 8 点,右手位于下巴下方,左手前指 8 点方向,半蹲前倾(结束)。

课后思考与练习

1. 简述东北秧歌舞蹈的基本体态和律动。
2. 东北秧歌舞蹈有哪些手上花?
3. 东北秧歌舞蹈脚下有哪些步伐?
4. 你怎么理解东北秧歌的"稳中浪、浪中艮、艮中俏"?
5. 综合所学的东北秧歌舞蹈基本知识和视频资料,课后自己创编一段东北秧歌舞蹈(音乐自选)。

第三节　蒙古族民间舞

学习目标

1. 了解蒙古族的地域文化特色。
2. 掌握蒙古族舞蹈的基本特点和基本动作。
3. 掌握蒙古族舞蹈动作的圆线感。

一、基本介绍

蒙古族是我国北方的游牧民族,他们世代生活在辽阔的大草原上,过着骑马狩猎的游牧生活,因此也被称为"马背上的民族"。他们不仅有着灿烂丰富的草原文化,还形成了英勇、热情、豪放的性格特征。蒙古族是个能歌善舞的民族,蒙古族民间舞蹈分为宗教习俗舞蹈和节日庆典舞蹈两大类,在形式上又分为独舞、双人舞、三人舞和集体舞等,深受广大群众喜爱的舞蹈主要有筷子舞、盅碗舞、安代舞、牧马舞、摔跤舞等。蒙古族舞蹈的特点是节奏明快、热情奔放、语汇新颖、风格独特。男子的舞蹈动作和舞姿造型挺拔豪放,步伐敏捷洒脱,把蒙古族男性的剽悍英勇和刚劲有力之美表现得淋漓尽致。女子动作多数以抖肩、翻腕来表现蒙古族女子欢快优美和热情开朗的性格特点。蒙古族民间舞蹈非常注重舞蹈时脚、膝、腰、胸、手、肩、头、眼的配合,通过肩部、手、手臂、步伐的动作,将形态、气息、情感高度融合,以圆形、圆线、圆韵的独特审美观贯穿舞蹈始终。

二、基本体态

脚下小八字步或者踏点步,下巴微微抬起,颈部向后靠,上身微微向后仰,双眼目视前方,两手臂自然下垂(见图 4-3-1 和图 4-3-2)。

图 4-3-1

图 4-3-2

三、基本动律

舞蹈动作的呈现以划圆最为常见,划圆动律分立圆、平圆、"8"字圆等。此外,蒙古族的舞蹈用呼吸带动步伐,来实现肩、手臂等部位的配合,让呼吸去控制关节的平衡。快吸慢呼也是蒙古族舞蹈的呼吸特点。蒙古族舞蹈通过呼吸让动作和情感有效地结合。

四、基本动作

1. 基本手形

五指自然向前平伸,大拇指与四指分开(见图 4-3-3)。

图 4-3-3

2. 基本手位

基本手位有叉腰手(见图4-3-4)、胯前手(见图4-3-5)、斜下手(见图4-3-6)、斜上手(见图4-3-7)、胸前手(见图4-3-8)、平开手(见图4-3-9)等。

图 4-3-4

图 4-3-5

图 4-3-6

图 4-3-7

图 4-3-8

图 4-3-9

3. 手臂动作

(1)硬腕——双手同时或者交替做上下提压腕,动作干脆利落(见图4-3-10)。

(2)柔肩——双手叉腰,右肩(或者左肩)慢发力向前送出,肘随之向后,动作要缓慢均匀。

（3）硬肩——和柔肩的动作相似，区别在于做动作时发力快、幅度小、干脆到位（见图4-3-11）。

（4）耸肩——分单耸肩和双耸肩，单耸肩节奏平均，双耸肩重拍向下（见图4-3-12）。

图 4-3-10

图 4-3-11

图 4-3-12

（5）抖肩——双手叉腰或者放松，肩胛部位左右碎摆动。

（6）绕肩——双手叉腰，右肩（或者左肩）从前经上弧线划至后面。

（7）软手——手腕提压带动手指尖上下起伏，由胸前位逐步打开至平开位（见图4-3-13和图4-3-14）。

（8）柔臂——由肋部发力，手臂带动手肘，手肘带动手腕，做上下摆动（见图4-3-15）。

图 4-3-13

图 4-3-14

图 4-3-15

4. 基本脚位

基本脚位有正步位(见图 4-3-16)、小八字位(见图 4-3-17)、前点步(见图 4-3-18)、后踏步(见图 4-3-19)。

图 4-3-16

图 4-3-17

图 4-3-18

图 4-3-19

5. 基本步伐

(1)平步——自然位准备,重心下压,气息下沉,脚在移动中拖地前进,行进时要保持小八字的基本位置。

(2)错步——前脚迈出时后脚贴地面往前跟上,上身保持平稳(见图 4-3-20)。

(3)垫步——主力腿有控制地向下屈伸,动力腿在后面进行垫步,右脚在动作过程中要做到柔韧、富有弹性(见图 4-3-21)。

(4)碎步——女性的特色动作,双脚快速交替碎步前进,讲究脚下动作的灵活、细碎和稳定。

(5)立掌步——右脚全脚掌站立,左脚向前顶脚背,膝盖朝前,这样交替进行,要干脆有力,主要是训练腿部控制能力。手上可以做勒马手(见图4-3-22)。

图 4-3-20　　　　　　　　图 4-3-21　　　　　　　　图 4-3-22

(6)摇篮步——也称为走马步,可分为慢走马和快走马。正步位,左手勒马,右手挥鞭,前半拍右脚落在左脚的外侧,左脚外缘着地,双膝弯曲,重心移到右脚。后半拍,左脚全脚着地,右脚外缘着地,重心移到左脚,双膝弯曲(见图4-3-23)。主要训练腿部的肌肉能力和控制能力。

(7)跑马步——正步位双屈膝,上身前俯,左手勒马,右手扬鞭。第1、2拍做左、右、左脚向前交替跳落,第3、4拍右、左、右脚向前交替跳落(见图4-3-24)。

(8)吸跳马步——正步位准备,主力腿蹬地起跳,同时动力腿在正步位的基础上吸腿,两腿交替进行,吸跳马步常见为一拍一步。

图 4-3-23　　　　　　　　图 4-3-24

五、基本组合

基本组合(一):硬腕组合短句,2/4拍。

准备位:小八字位,双手自然下垂于身体两侧。

①1~8拍:双手体前位做硬腕,2拍1次。

②1~8拍:双手斜下手位做硬腕,2拍1次。

③1~8拍:右脚向前迈一步,双手平开手位做硬腕,2拍1次。

④1~8拍:左脚向前迈一步,双手斜上手位做硬腕,2拍1次。

⑤1~8拍:双脚回小八字位,双手胸前手做硬腕,2拍1次。

⑥1~8拍:右脚向8点方向迈一步,双手体前位做硬腕,1拍1次。

⑦1~8拍:左脚向2点方向迈一步,双手体前位做硬腕,1拍1次。

⑧1~8拍:右脚向前迈一步,半蹲屈膝,斜下手位做硬腕,1拍1次。

⑨1~8拍:左脚向前迈一步,双腿直立,斜上手位做硬腕,1拍1次。

⑩1~8拍:双脚回小八字位,平开手位做硬腕,1拍1次,做6次,叉腰手结束。

基本组合(二):胸背+柔臂组合短句,2/4拍。

准备位:小八字位,双手自然下垂于身体两侧。

①1~8拍:右手起做柔臂,4拍起4拍落。

②1~8拍:左手起做柔臂,4拍起4拍落。

③1~8拍:双手同时起做柔臂,4拍起4拍落。

④1~8拍:右脚向前迈一步,左脚后踏点步,身体向1点方向,双手腕向前推,身体含胸,4拍出,4拍收回。

⑤1~8拍:左脚向前迈一步,重复④的动作。

⑥1~8拍:左脚向后退一步,双手腕向前推(前4拍完成),上身含胸,右脚向后退一步,双手压腕放于身体两侧,此时上身向上敞胸腰(后4拍完成)。

⑦1~8拍:重复⑥的动作。

⑧1~8拍:右脚向8点方向迈一步,右手向2点方向做柔臂,4拍上,4拍收。

⑨1~8拍:左脚向2点方向迈一步,动作与⑧相同。

⑩1~8拍:右脚向正5点方向迈一步,身体向正5点方向,双手由身体两侧到斜上位,下胸腰(前4拍),双手再经过下弧线从右边原地转回到准备位(后4拍)结束。

六、表演组合

片段赏析:《鸿雁》,2/4拍,音乐风格轻柔、舒缓(学生示范,见图4-3-25)。

图 4-3-25　　　　　　　舞蹈表演《鸿雁》

动作提示：

(1)出场的方位——面向1点卧地做"雄鹰展翅"舞姿造型,原地做软手(左手高、右手低)。注意:要用呼吸带动上身、手臂和手指。

(2)双膝跪地,斜上手位。

(3)跪地立胯。

(4)8点方向做柔臂。

(5)5点、3点方向做软手。

(6)1点方向做柔臂。

(7)3、7点方向做胸背动作。

(8)8点方向做柔肩。注意:节奏要灌满每个动作。

(9)大掖步,软手。

(10)软手原地转。

 课后思考与练习

1.简述蒙古族舞蹈的基本体态和律动。

2.简述蒙古族舞蹈的基本手位及手臂动作。

3.简述蒙古族舞蹈的基本脚位及基本步伐。

4.谈谈呼吸在胸背练习中的重要性。

5.收集两首自己喜欢的蒙古族音乐并对其节奏、风格加以分析。

第四节　维吾尔族民间舞

学习目标

1. 了解维吾尔族的地域文化特色。
2. 掌握维吾尔族舞蹈的基本特点及基本律动。
3. 掌握维吾尔族舞蹈的手臂动作及步伐动作。

一、基本介绍

维吾尔族主要分布在我国新疆天山南北,是一个古老的少数民族。新疆地区自古就是中西交通要道,也是古西域乐舞盛行的地方,美丽的丝绸之路成为沟通中西文化的重要区域,维吾尔族文化汇集了中原文化及西域文化。因此,维吾尔族的艺术文化源远流长,被誉为歌舞民族。维吾尔族人民能歌善舞,不同场合都能翩翩起舞。维吾尔族舞蹈的主要特点是身体各部位的动作同眼神配合,传情达意,从头、肩、腰、臂到脚趾都有动作,通过动静结合和大、小动作的对比以及移颈、翻腕等装饰性动作的点缀,形成热情、豪放、稳重、细腻的风格韵味。主要的维吾尔族舞蹈可分成两大类,一类是活泼、风趣的自娱性舞蹈,这种舞蹈多采用节奏鲜明、旋律优美的《赛乃姆》曲调;另一类舞蹈"齐克提麦",则保留了古代宗教礼仪习俗,是一种古老的舞蹈形式。

二、基本体态

昂首、立腰、拔背、提胯、双手自然下垂(见图 4-4-1)。

图 4-4-1

三、基本动律

摇身动律——在基本体态的基础上,身体左右横向移动。

移颈——维吾尔族舞蹈的典型代表动作,颈部做横向左右运动,幅度不宜太大,保持肩部的平稳,上身不要随动(见图 4-4-2 和图 4-4-3)。

图 4-4-2

图 4-4-3

四、基本动作

1. 基本手形

基本手形有自然手(见图 4-4-4)、花形手(见图 4-4-5)、拇指冲(见图 4-4-6)。

图 4-4-4

图 4-4-5

图 4-4-6

2. 基本手位

基本手位有叉腰手(见图 4-4-7)、平开手(见图 4-4-8)、交叉手(见图 4-4-9)、扶胸手(见图 4-4-10 和图 4-4-11)。

图 4-4-7

图 4-4-8

图 4-4-9

图 4-4-10

图 4-4-11

3. 手臂动作

(1)摊手——双手或单手提至胸前,手心朝上,向外打开(见图 4-4-12)。

(2)绕腕——指尖带动腕部,小臂附随,向里或外转动一周(绕腕分为里绕腕和外绕腕),绕腕要灵活、饱满、流畅。需要注意的是腕部主动,切忌肩肘部主动发力。

(3)弹腕——在基本手形上,重拍手心向外轻推,弱拍腕部灵活弹回。

(4)挑指——双手平掌手形,重拍腕部发力,指尖向上清脆上挑,幅度不宜太大,要脆而有力(见图 4-4-13)。

（5）响指——拇指与中指用力相摩擦，打出清脆响声，可单手做，亦可双手同时做（见图 4-4-14）。

图 4-4-12

图 4-4-13

图 4-4-14

（6）一位手（提裙位）——基本站姿准备，双手做基本手形于身体的斜下方（见图 4-4-15）。

（7）二位手（平开手）——基本站姿准备，双手做基本手形，手臂抬至与肩同高（见图 4-4-16）。

（8）三位手（圆顶手）——基本站姿准备，双手做基本手形于头顶（见图 4-4-17）。

图 4-4-15

图 4-4-16

图 4-4-17

（9）四位手（半圆顶手）——在三位手的基础上，右手放于头顶，左手放置于胸前（见图 4-4-18）。

（10）五位手（花朵手）——在四位手的基础上，左手不变，右手由头顶放置于下颚旁（见

图4-4-19)。

(11) 六位手(顺风手)——基本站姿准备,左手在三位手,右手平开手(见图4-4-20)。

图 4-4-18　　　　　　　图 4-4-19　　　　　　　图 4-4-20

(12) 七位手(窥看式)——在四位手的基础上,左手放于额前,右手放于胸前,身体稍前倾,做向右的窥视(见图4-4-21)。

(13) 托帽式——右(左)手放于旁斜上方,左(右)手屈肘,放于耳部,手心向上成托手(见图4-4-22)。

图 4-4-21　　　　　　　　　　　　图 4-4-22

(14) 点肩式——双手屈肘点肩,手腕拎起,后背挺拔(见图4-4-23)。

(15) 波浪式——手腕主动,带动手指做上下波浪。

(16) 遮羞式——右(左)手位于斜前上方,目视斜下方,左(右)手旁开(见图4-4-24)。

(17) 猫洗脸——双手十指交叉放置于腮边,从左至右(或从右至左)绕脸做波浪环动,头部随动(见图4-4-25)。

(18)夏克——左(右)手斜上、右(左)手胸前位,拧身下胸腰(见图4-4-26)。

图 4-4-23

图 4-4-24

图 4-4-25

图 4-4-26

(19)回望式——双手体旁、胸前位同时摊开,转身回反面,头留住,多数在踏步半蹲上完成(见图4-4-27)。

4. 基本脚位

基本脚位有小八字位(见图4-4-28)、点地位(分前、旁、后,见图4-4-29至图4-4-31)、踏步位(见图4-4-32)。

图 4-4-27

图 4-4-28

图 4-4-29

图 4-4-30

图 4-4-31

图 4-4-32

5. 基本步伐

（1）自由步——上身立腰拔背，双脚并立，自然向前行进，膝盖保持有弹性的微颤，双手提裙位随之摆动，注意节奏的特殊性（见图4-4-33）。

（2）踏步——立腰拔背，气息下沉，主力腿脚掌在后，动力腿脚后跟向下碾脚尖从右划到左，保持平行向旁移动（见图4-4-34）。

图 4-4-33　　　　　　　　图 4-4-34

（3）进退步——动力腿主动向前一步，再向后一步，主力腿随之平稳前后移动，重心在中间，身体保持平稳（见图4-4-35和图4-4-36）。

图 4-4-35　　　　　　　　图 4-4-36

（4）踩横移步——原地踩一步，向旁边迈一步，并脚踩步，再向旁迈步回来，最后注意附点节奏的运用，同时保持身体的平稳（见图4-4-37和图4-4-38）。

图 4-4-37　　　　　　　　　　图 4-4-38

（5）跺颤步——双脚自然放松向前行进，每一步有一大一小两颤。

（6）一步一点——主力腿踏步蹲时，动力腿脚掌向前（或旁、后）点出。

（7）三步一抬——右脚向旁（或后）迈三步，第二拍踩在附点节拍上，第三步小腿快速后抬，同时主力腿有控制地颤动（见图4-4-39）。

图 4-4-39

五、基本组合

基本组合（一）：动律组合短句，2/4拍。

准备位：面向1点，脚下小八字位，两手臂自然垂放于身体两侧。

①1~8拍：在准备位上做颤点步，双手叉腰手，左脚为重心，右脚前点，上身随动轻微摇颤，2拍1次。

②1~8拍：右脚旁点，双手平开手，脚下颤点步，2拍1次。

③1~8拍：右脚后点，托帽式（左手旁斜上方，右手屈肘耳部），脚下颤点步，2拍1次。

④1~8拍：右脚旁点，胸前交叉手，脚下颤点步，2拍1次。

⑤1~8拍：重复①的动作。

⑥1~8拍：重复②的动作。

⑦1~8拍：重复③的动作。

⑧1~8拍：重复④的动作。

⑨1~8拍：1~2拍正步位，双手前摊手，3~4拍左脚撤于右脚后踏点步，右手斜上方，左手屈肘耳边，成托帽式。5~8拍颤点步。

⑩1~8拍：1~2拍正步位，双手前摊手，3~4拍胸前交叉手，5~6拍左脚向左边迈一步，并脚转圈一周，双手平摊手打开，7~8拍右手斜上，左手胸前，拧身下腰，左脚旁点，夏克舞姿造型。

基本组合（二）：步伐组合短句，2/4拍。

准备位：面向3点，脚下小八字位，两手臂自然垂放于身体两侧。

①1~8拍：双手提裙，面向3点，向中间自由步走动，第8拍到中点转向1点。

②1~8拍：1~2拍左手向左边摊开，3~4拍右手向右边摊开，5~6拍交叉手，7~8拍移颈2次。

③1~8拍：脚下前进步，双手做平开手和叉腰手，2拍1动1变化（先做平开手再做叉腰手）。

④1~8拍：右脚前、左脚后，向左边做横踮步，左手于左斜上，右手屈肘成托帽式，2拍1动。

⑤1~8拍：动作性质与④一样，做反面动作。

⑥1~8拍：右脚原地跺步一次，撤右脚放于左脚斜后，双手打开平开手，摇身点颤2次。

⑦1~8拍：动作性质与⑥一样，做反面动作。

⑧1~8拍：1~2拍左脚前交叉半蹲位，3~4拍双手屈肘于胸前击掌交叉位，5~8拍做猫洗脸2次。

⑨1~8拍：三步一抬，右脚先起，从右边转身，双手叉腰手。左边动作一样。

⑩1~8拍：1~4拍平开手向左边原地转，5~6拍面向7点半蹲，双手胸前里绕，7~8拍右脚旁撤步，弯曲主力腿，左脚旁点，左手前、右手后做遮羞式。

六、表演组合

片段赏析：《达坂城的姑娘》，2/4拍，音乐风格热情、活泼（学生示范，见图4-4-40）。

图 4-4-40

舞蹈表演《达坂城的姑娘》

动作提示：

(1) 出场的方位——准备 4 点方向，面向 8 点。

(2) 托帽式加脚下前进步。

(3) 行进间转圈。

(4) 3、7 点横踮步。

(5) 脚下前点、旁点、后点，摇身点颤。

(6) 正 5 点三步一抬。

(7) 8 点方向前进步，拇指冲。

(8) 2、8 点方向上步旁点，托帽式。

(9) 5 点横向转圈，左手高、右手旁平。

(10) 面向 3 点上左脚，右脚后点，右手上、左手下托帽式。

 课后思考与练习

1. 简述维吾尔族舞蹈的体态与律动特点。

2. 维吾尔族舞蹈的手位和手臂动作有哪些？

3. 维吾尔族舞蹈的脚下步伐动作有哪些？

4. 体会点颤动律中摇身与膝部微颤的协调配合。

5. 维吾尔族舞蹈的音乐有什么样的特点？

第五节　傣族民间舞

1. 了解傣族的地域文化特色。
2. 掌握傣族舞蹈的基本特点及基本动作。
3. 掌握三道弯在舞蹈中的运用。

一、基本介绍

傣族主要分布在我国的云南省，是一个能歌善舞、历史悠久的少数民族。傣族舞蹈形式多样，种类繁多，流行面广并具有一定的特色。傣族舞蹈优美、恬静、灵巧、质朴，既有韵律美又有造型美，是动态美与静态美的完美统一。舞蹈时整个身体、手臂、腿部均匀地形成特有的三道弯体态，手上动作丰富，上身柔美有韵味，膝部柔韧屈伸，带动小腿灵活运动，使其舞姿具有浓郁的民族风格特色，具有丰富的表现力和较高的审美价值。在傣族地区广为流传的舞蹈主要是孔雀舞、象脚舞和嘎光舞等。在傣族人民的心中，孔雀是美丽、吉祥的象征，孔雀舞姿态优美、动作灵活、表现力强。象脚舞舞者左肩背鼓，左手扶住左侧鼓首，右手击鼓而舞，步伐稳健豪迈、有力。嘎光舞是一种自娱性的集体舞蹈，在喜庆节日，男女老少会跳嘎光舞来表达自己内心的喜悦之情。

二、基本体态

身体的三道弯：胸、胯、膝关节同时形成弯曲状（见图 4-5-1）及一顺边体态（见图 4-5-2）。

图 4-5-1

图 4-5-2

三、基本动律

傣族舞蹈基本律动多为腿保持半蹲状态,重拍向下,双膝在弯曲中做动作,以屈伸带动身体颤动和左右轻摆;脚多为后踢,踢起时快而有力,落时轻而稳,称为"长蹲短起"。

四、基本动作

1. 基本手形

基本手形有掌形手(见图 4-5-3)、眼式手(见图 4-5-4)、嘴形手(见图 4-5-5)、爪形手(见图 4-5-6)、曲掌(见图 4-5-7)、鱼形手(见图 4-5-8)、冠形手(见图 4-5-9)。

图 4-5-3

图 4-5-4

图 4-5-5

图 4-5-6

图 4-5-7

图 4-5-8

图 4-5-9

2. 基本手位

基本手位有准备位（见图 4-5-10）、一位手（见图 4-5-11）、二位手（见图 4-5-12）、三位手（见图 4-5-13）、四位手（见图 4-5-14）、五位手（见图 4-5-15）、六位手（见图 4-5-16）、七位手（见图 4-5-17）。

图 4-5-10

图 4-5-11

图 4-5-12

图 4-5-13

图 4-5-14

图 4-5-15

图 4-5-16　　　　　　　　　　　图 4-5-17

3. 手臂动作

（1）立掌——掌心向外，手指对上方，手背与小臂形成约 100°的夹角（见图 4-5-18）。

（2）托掌——掌心向上，手指向外，手背与小臂形成约 100°的夹角（见图 4-5-19）。

图 4-5-18　　　　　　　　　　　图 4-5-19

（3）提腕掌——手腕主动上提，手掌撑开，掌心向下，手心与小臂形成约 110°的夹角（见图 4-5-20）。

（4）垂手——手掌外展，手指对下方，手背与小臂形成约 100°的夹角（见图 4-5-21）。

（5）曲掌翻腕——曲掌向外推，立掌收回，这是傣族舞蹈中常用的手的连接动作，它是大小臂屈伸的联合动作，屈伸要有柔韧性，每次动作到位要有停顿，同时还要注意保持手臂的三道弯。

图 4-5-20

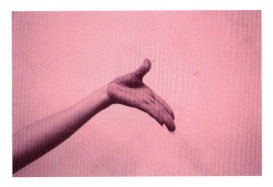

图 4-5-21

(6) 双掏掌——双手下垂,手指主动由外向里转掏手掌,从下贴身往上穿,双手经两耳穿过(见图 4-5-22)。

(7) 内屈外展手——一只手从头上大三位屈指向下插,小臂弯曲到最大限度,手经过耳侧—肩前—腋下,下插到旁一位;另一只手从大一位起,手心向上抬至大三位,注意双手交替内屈,动作连贯(见图 4-5-23)。

图 4-5-22

图 4-5-23

(8) 掏翻腕——右手手心向上,从身前由下向上掏掌,左手手心向下,从右手前盖下去,右手在上由外向里顺时针方向绕一圈,左手在下由外向里逆时针方向绕一圈,双手同时进行(见图 4-5-24)。

(9) 摆手——手松弛地在体侧轻轻摆动,向后摆动时可稍起手肘(见图 4-5-25)。

(10) 柔手——后背发力,双手自腕关节有韧性地提起,并逐关节呈波浪形向指尖推进。

图 4-5-24　　　　　　　　　图 4-5-25

(11)提拉手——右手提至胸前压腕立掌下拉,同时左手手腕上提(见图 4-5-26)。

(12)推拉手——双手同时向外曲掌推出,立掌收回(见图 4-5-27)。

图 4-5-26　　　　　　　　　图 4-5-27

4. 基本脚位

基本脚位有正步位(见图 4-5-28)、旁点丁字位(见图 4-5-29)、后踏步位(见图 4-5-30)、前点地位(见图 4-5-31)、旁靠步位(见图 4-5-32)。

图 4-5-28　　　　　　　图 4-5-29

图 4-5-30　　　　　　　图 4-5-31

图 4-5-32

5. 基本步伐

(1)基本步——即平步,脚下一步一屈伸,可以在原地做,也可以左右脚交替向前走或者向后退(见图 4-5-33)。

(2)横向步——脚下是基本步伐,向左边或者右边运动,胯部做 U 形胯,左右摆动(见图 4-5-34)。

(3)后踢步——双膝有韧性地屈伸,弱拍直膝的同时,左脚快速勾脚向后踢起,强拍时落左脚,双脚交替进行(见图 4-5-35)。

(4)"之"字走步——左脚屈伸,右脚后踢外开,迈落在左脚前一脚距离,成"之"字位,慢压屈膝,重心移至前面脚(见图 4-5-36)。

(5)跐步——左脚全脚着地,右脚点地,推动左脚向前迈步,步伐小,频率高,要轻盈(见图 4-5-37)。

图 4-5-33

图 4-5-34

图 4-5-35

图 4-5-36

图 4-5-37

五、基本组合

基本组合(一):动律组合片段,2/4 拍。

准备位:正步位,双手掌形放于大腿前侧(前一位)。

①1~8 拍:双手前一位,膝部屈伸 2 次。

②1~8 拍:1~2 拍屈膝,3~4 拍右脚旁点,5~6 拍收回,7~8 拍左脚旁点。

③1~8 拍:重复①的动作。

④1~8 拍:原地后踢步 4 次。

⑤1~8 拍:在屈伸的基础上加上横向的胯部摆动 4 次。

⑥1~8 拍:左右脚交替前点位 2 次。

⑦1~8 拍:屈膝侧后点位,左右脚交替各 1 次。

⑧1~8 拍:屈膝摆胯后踢步 4 次。

⑨1~8 拍:屈膝前点步 2 次。

⑩1~8 拍:原地屈膝起伏律动 2 次。

基本组合(二):手臂+步伐组合,2/4 拍。

准备位:3 点方向出场,正步位,双手掌形放于大腿前侧(前一位)。

①1~8 拍:平步向 7 点方向走(右脚先走),2 拍 1 动。

②1~8 拍:平步向 1 点方向走,动作、节奏与①一样。

③1~8 拍:1~2 拍屈膝半蹲,3~4 拍右脚旁点,左手掌形放于胯部,右手掌形放于右边,屈伸呼吸 1 次。

④1~8 拍:1~4 拍后踢步向前走,双手前一位,5~8 拍左脚前点,做四位手(左手在上、右手在下)。

⑤1~8拍：1~4拍在④的动作上屈伸呼吸1次，换成④的反面动作。

⑥1~8拍：1~4拍右脚向旁边后踢步2次，5~8拍右腿弯曲，左腿旁点伸直，双手掌形交叉压腕。

⑦1~8拍：后踢步从左向右自转一圈，左手在上，右手在下（双手均为眼形）。

⑧1~8拍：后踢步背向3点方向，双手做半握拳状，做推拉手。

⑨1~8拍：踮步向2点方向，右手掌形按于胯旁，左手掌形于左身旁。

⑩1~8拍：后踢步1次，右脚旁点，以左脚为轴逆时针转1圈，双手六位。

六、表演组合

片段赏析：《云之南》，2/4拍，音乐风格轻柔、舒缓（学生示范，见图4-5-38）。

动作提示：

(1)出场的方位——面向正5点，右脚旁点地，下右旁腰，三位手。

(2)右脚后踏点步，右手上、左手旁，手臂、躯干三道弯屈伸。

(3)原地转圈（手在六位）。

(4)跪地屈伸，基本手位练习。

(5)后踢步，推拉手。

(6)左右脚交替前点位，四位手。

(7)左右脚交替旁点位，双按手。

(8)2、8点迈步，做手臂和躯干的三道弯动作。

(9)原地转圈。

(10)右手掌形按掌，左手掏手掌形左旁腰定点结束。

图 4-5-38

舞蹈表演《云之南》

课后思考与练习

1. 简述傣族舞蹈的体态与律动特点。
2. 简述傣族舞蹈的基本手形、手位。
3. 简述傣族舞蹈的脚下动作与律动的关系。
4. 谈谈你对傣族舞蹈中的三道弯的理解。

第四部分　儿童舞蹈创编

第五章

儿童舞蹈创编

1. 了解儿童舞蹈教育的意义、儿童舞蹈教育的特点,掌握基本的儿童舞蹈的基本动作及训练方法。

2. 掌握科学安全的儿童舞蹈教学实施方法,并能与教学实践相结合,进一步提高学生的实际运用能力。

3. 提高儿童舞蹈创编的理论水平与鉴赏能力,使理论与现有能力完美结合并相互促进。

第一节 儿童舞蹈概述

一、儿童舞蹈的概念及形成

舞蹈是人类历史上最早产生的艺术形式之一,在远古人类还未产生语言之前,人们就用动作、姿态、表情来传达各种信息和进行情感、思想的交流。舞蹈艺术是以经过提炼加工的人体动作为主要表现手段,运用舞蹈语汇、节奏、表情、构图等多种基本要素,塑造出直观性和动态性的舞蹈形象,表达思想感情的一种艺术形式。儿童舞蹈虽然是舞蹈艺术的一个组成部分,但是儿童舞蹈教育必须在特定的教育观下进行,即儿童观。因其特殊的主体性,首先表演者和表现内容不同,它是由儿童表演或者表现儿童生活的舞蹈,在表现形式上,它更具有直观性,相对来说叙事性更强一点,易被儿童理解和接受。

表演者——儿童的身心特点,决定了儿童舞蹈具有形象鲜明、天真活泼的特点,因此儿童舞蹈相对于完整的舞蹈艺术来说,在具有艺术性、教育性的同时,更应强调它的自娱性,保留表演者的"童性",浅显一点来说,儿童舞蹈是在玩中表现,表现的是玩。

二、儿童舞蹈的特征

儿童舞蹈主体的特殊性,儿童的生理、心理、认知、情感以及社会性等各方面的发展决定了儿童舞蹈必然具有区别于其他艺术门类的特征。

(一)儿童舞蹈形象性和情绪性尤为突出

根据皮亚杰的儿童心理发展阶段理论,儿童的思维发展具有顺序性——从知觉到具体形象到抽象思维再到辩证思维,因此儿童的求知欲旺盛,以形象性认知为主,模仿性强,相较于成人,他们的认知更多的是从表象出发,即通过具体的形象来认知客观事物,对于语言文字的描述难以快速形成认知,好奇心强,同时对自我的约束和控制力不强,容易受影响。儿童还未形成独立而稳定的人格,他们独立性差,具有很强的情绪性,冲动性较强,并且这种情绪性也不具备持续性。

(二)儿童舞蹈动作以整体协调动作为主,精细动作不常见

儿童具有以下生理特点:粗动作协调性基本定位,肢体精细动作发展需要继续培养;口语描述具体事件的知觉与感觉尚有不足;骨骼中含有机物较多,含无机物(如钙)较少,因此骨骼弹性大而硬度较小,容易发生变形而不易骨折;肌肉较成人柔软,含水分多,各肌肉群的肌肉发育较晚,容易感到疲乏,同时恢复也较快。

(三)儿童舞蹈作品表现的情感来源于儿童生活

情绪和情感是人对客观事物态度的体验及相应行为的反应,它们是以个体的愿望和需要为中介的心理活动,是个体适应生存与发展的重要方式,会随着个体的成长而不断发展,应以儿童的眼光去体验生活,作品才能引起儿童的共鸣。

(四)儿童舞蹈也具有社会性

社会性是个体在社会化过程中发展起来的、与社会存在相适应的一切特征和典型的行为方式的总和。儿童社会性发展主要从两个方面来评价:第一,社会认知发展,指个体对自己和他人的观点、情绪、思想、动机的认识,对社会关系和对集体组织间关系的认知;第二,社会性交往,指同伴交往与同伴团体的形成。同伴交往是儿童形成和发展个性特点,形成社会行为、价值观和态度的一个独特的社会化方式。儿童在与同伴交往中传递信息的技能增强,他们能够更好地理解他人的动机和目的,能更好地对他人进行反馈,与同伴间的交流更加有效,更善于利用各种信息来决定自己对他人采取的行动,更善于协调与其他同伴的交往活动,开始形成同伴团体。这种团体为儿童提供了学习与同伴交往的机会,使儿童学习处理各种关系中的社会问题,进一步提高和扩展社会交往技能。

三、儿童舞蹈教育的意义

舞蹈教育作为美育的一个重要组成部分,正为越来越多的家长所重视。西方发达国家早已将舞蹈作为素质教育的重要内容,甚至将舞蹈教育纳入了教育法,比如美国。各个学科如教育学、心理学、美育学等都揭示出舞蹈有着不可替代的教育作用。

舞蹈教育为何有如此高度?因为研究证明,儿童的舞蹈接受能力好于成年人,并且舞蹈

教育的意义和作用与体育、美育、文学、社会学等各类社会科学、艺术学的关系密不可分,在儿童时期进行舞蹈教育会有事半功倍的效果。

(一)舞蹈教育是美育

对儿童进行美感教育即进行美育,就是通过艺术手段,或借助于大自然和社会生活中的一切美好事物对他们进行有计划、有目的的教育。这种教育不是一日之功,不能一蹴而就。舞蹈艺术是以人的肢体动作和内心情感相结合的一种独特的艺术,可以从日常生活、艺术鉴赏和学习中帮助儿童提升美感,潜移默化地使儿童热爱和向往世间一切美好的事物。

(二)舞蹈教育也是体育

舞蹈能锻炼儿童的模仿能力、运动能力、身体协调能力。模仿是儿童的天性,儿童在八岁前主要就是通过模仿来进行学习的,舞蹈训练可以培养他们的模仿能力是毋庸置疑的。舞蹈从外在、浅显的方面来说,它本就是肢体的动作,需要有运动能力和身体协调能力。针对不同年龄的儿童,根据他们的形态、身体素质、运动能力和学习的坚持性情况的不同,结合其生理和心理特点为培养儿童基础运动能力选择不同的适合他们的舞蹈教学内容和方法,可以促进儿童身体发育并提高儿童的运动能力,增强体质。舞蹈动作本身就是脑、耳、眼、肢体、躯干的协调配合,协调性的发育不是先天完成的,而是需要在后天的发展过程中逐步完成,这个发展过程不应是被动消极的,而应是主动积极的,需要家长、老师有意识地引导和训练。舞蹈无疑是训练儿童协调性的好办法,它能遵循儿童的心理特点,在舞蹈运动中融入舞蹈动律,激发儿童的学习兴趣,使其保持学习热情。

(三)舞蹈教育更是智育

好动是儿童的天性,在舞蹈训练中儿童自己动口、动手、动脚,全身心地去唱、跳,充分发挥了儿童的想象力、创造力,在音乐与舞蹈动律相互融合的训练过程中,儿童各方面得到了比较全面的教育,非智力因素如兴趣、动机、情感、意志、个性等也得到了更多的发展。智力因素包括理解力、想象力、观察力、注意力、创造力,在一定条件下,非智力因素会促进儿童潜在智力的开发。在舞蹈活动中,可以借助音乐的力量,让儿童尽早接受音乐刺激,培养乐感,通过音乐开发右脑的功能,这在感受、想象、理解、创造等思维阶段,对培养儿童的创造意识及能力具有独特的作用。舞蹈本身也可以通过四肢的协调动作平衡人的左右脑功能,培养儿童的形象思维能力,利于儿童左右脑的协调,这当然在一定程度上助长了儿童的智力。

(四)舞蹈教育有助于儿童社会性的培养

长期以来,儿童的一些心理问题总是被生长、发育、身体健康等一些表象问题所掩盖,而显得不是很重要。有一项研究发现,七到十五岁的儿童中,有两成的小孩喜欢独处,有六成的孩子每周花二十个小时以上看电视或玩电脑游戏,只有少于一成的小孩给人以自信、聪明、好交际的印象。这个情况最终会导致小孩子长大后不懂得与人交际,甚至与人沟通也有困难,也会因为少接触阳光和新鲜空气而影响健康。著名教育家陈鹤琴先生的教育思想是给孩子多运动、多强健、多游戏、多快乐、多经验、多知识、多思想,因此我们应鼓励孩子多出门,培养广泛的、持久的兴趣,提高交际能力,这也是促进脑功能发育的重要措施。在中国舞蹈教学教材的设计中,有许多歌舞活动需要合作才能完成,如集体舞、游戏等,在舞蹈教学中我们可以把个体创造与群体合作紧密联系起来,既尊重个体发展也注重群体交往合作,让儿童在舞蹈学习的活动中,既培养舞蹈能力也培养与他人交往的能力,使孩子觉得自己是团体中的重要角色,增强自信心,逐渐摆脱以自我为中心,共享合作的喜悦。

1. 舞蹈教育对儿童身心的影响主要有哪些?
2. 举例说明儿童舞蹈的特征。

第二节　儿童舞蹈基本动作

儿童舞蹈通过科学系统的训练方法,培养孩子良好的姿态以及高贵的气质,增强孩子身体的协调能力,培育身体对节奏的敏感性,给孩子美和艺术的熏陶,开发他们的艺术潜能。本节将从儿童舞蹈基本功训练、上肢动作、下肢动作、基本舞姿这四个方面进行阐述。

一、儿童舞蹈基本功训练

(一)基本功训练注意事项

基本功训练包含对肌肉的柔韧度与韧带关节的开合度的训练,俗称软开度训练。在舞蹈专业训练中,把腰腿功和软开度的训练称为童子功,我们提倡并重视童子功,因为儿童的骺软骨还未完全骨化成骨,更容易塑造,是训练软开度的最佳时机,同时儿童特殊的生理构造也使得教师在软开度的训练过程中必须要遵循科学的训练方法。

训练软开度方法不得当会导致身体受伤,直接影响到关节的活动范围,如果此时忍痛坚持对身体施加力量,必然会给身体组织增大负荷、加大负担,身体组织会不堪重负而损伤,难以恢复,即使组织复原,痛苦的经历会使人对抻拉动作产生心理恐惧,使得抻拉部位产生身体对抗,不会放松,这是软开度训练的大忌,直接影响软开度训练的质量效果。

所以,在训练软开度的过程中,教师要细心设计训练动作,认真体验动作,遵从身体组织的结构、功能,不能违背生理科学的规则,科学地使用身体,分散儿童对疼痛的注意力,循序渐进地进行训练。

(二)基本功训练方式与方法

1. 头部训练

头部的单一练习动作要求在双肩平行下垂稳定的状态下完成,头部练习主要有前后俯仰(见图 5-2-1 和图 5-2-2)、左右转头(见图 5-2-3)、平视倾头(见图 5-2-4)、涮头等练习,涮头就是将前、旁、后、旁、前的头部运动连贯地做,要求动作圆滑连贯、速度均匀。

图 5-2-1

图 5-2-2

图 5-2-3

图 5-2-4

2. 耸肩

双肩向上耸起再放松落下,是训练肩部灵活性的动作(见图 5-2-5 和图 5-2-6)。

图 5-2-5

图 5-2-6

3. 含胸、展胸

上体前屈,胸膛内收,气息下沉外吐,整个后背脊柱形成弓形,骨盆稳定,为含胸(见图 5-2-7)。双肩下沉后展,胸前挺展开,吸气,脊柱拉长,为展胸(见图 5-2-8)。含胸、展胸训练可为之后的身韵提沉打好基础。

图 5-2-7

图 5-2-8

4. 腰部训练

(1)弯腰、转腰:弯腰可以做前、后、旁的弯腰(见图 5-2-9),是一种训练腰部柔软度的动作,可以在跪坐、跪立、站立等多种体位的基础上完成。上体前俯为前弯腰,可以根据学生的软开度来调整前俯的幅度。头部后仰,呼气,肩、胸腰、中腰、大腰依次往后弯曲为后弯腰,直立时应腰—胸—肩—头依次起来,要避免先起头。转腰是在保持胯部盆骨稳定的状态下,以腰部为轴,上半身左右转动(见图5-2-10)。

图 5-2-9

图 5-2-10

(2)趴地后卷腰:俯趴于地面,绷脚,双腿并拢,双臂屈肘,手掌撑在地面上,手臂伸直,同时后脑勺去找屁股,把胸腰使劲向后推,注意胯部不要离开地面(见图5-2-11)。

图 5-2-11

(3)推胸腰:在趴地后卷腰的基础上,膝盖打开,绷脚,肩膀打开,胸腰继续向上向前挺,用脚去找头(见图5-2-12)。

(4)压胸腰:正面把杆一步距离大八字步站立,两臂直上举,然后向前探出贴住把杆,肩胸伸展向把杆方向挤压,腰背形成弧度(见图5-2-13)。

(5)挑胸腰:背对把杆两脚并拢,双手从下往上反抓住把杆,团身屈膝蹲,两腿蹬直站立时快速顶胯,腰、胸、肩、颈、头依次向上挑送,完成时立半脚尖,手臂直,胸腰高于把杆(见图5-2-14和图5-2-15)。

第四部分　儿童舞蹈创编

图 5-2-12

图 5-2-13

图 5-2-14

图 5-2-15

131

(6)跪下腰：在跪起身的基础上，膝盖八字微开，两臂上举与肩同宽，由指尖带动向后，依次仰头、展肩、挑胸、挑腰、顶胯，手可抓住脚腕或扶地(见图5-2-16和图5-2-17)。

图 5-2-16

图 5-2-17

(7)拧腰：在跪起身的基础上，两臂前伸，向后卷腰的同时，一手抓脚一手向后延伸，向抓脚的方向拧腰(见图5-2-18)。

(8)涮腰：跪立双臂上举准备，上身、头、臂保持同一方向，经过前、旁、后、旁、前，回到原位(见图5-2-19至图5-2-21)。

图 5-2-18

图 5-2-19

图 5-2-20

图 5-2-21

(9)板腰:膝盖打开,跪立双山膀准备,胯部与颈部要保持稳定,像平板一样,身体后倾,可根据能力慢慢加大后倾的幅度,一直到平躺到地面,再平板起,回到准备位(见图 5-2-22 和图 5-2-23)。

图 5-2-22

图 5-2-23

5. 腿部训练

(1)地面压前腿:在基本坐姿的基础上,双腿并拢前伸,双托掌手位,以髋关节为支点,拉长后背,向前、向下压,整个过程要保持躯干直立伸展,腿部膝盖伸直,气息松弛(见图 5-2-24 和图 5-2-25)。

图 5-2-24　　　　　　　　　　　　　图 5-2-25

（2）地面压后腿：在基本坐姿的基础上，前腿绷脚吸腿，后腿外开绷直向后向远延伸，上身直立，前吸腿同侧的手撑地保持稳定，另一只手托掌带动身体向后向下压，向远延伸，注意保持双肩与髋部的平行（见图5-2-26）。

图 5-2-26

（3）地面压旁腿：在基本坐姿的基础上，双腿形成吸腿与旁腿，双手形成托按掌舞姿，后背直立，以托掌手带动身体，向直膝旁腿的一边贴拢，注意保持身体直立，旁腿外开，以肩背去找膝盖的内侧，视线去找正上方（见图5-2-27）。

图 5-2-27

（4）竖叉：双腿在直膝的基础上，前腿脚尖擦地滑出，前腿、臀部贴于地面，后腿胯根外开平展于地面，双腿形成"一"字形（见图5-2-28）。在竖叉的基础上我们还可以进行竖叉耗腿、竖叉抱前腿、竖叉后下腰的训练。

图 5-2-28

（5）横叉：在基本坐姿的基础上，双腿吸腿收拢于胯前，再双膝分开去找地面，使脚心相对，双手扶膝向地面进行震颤。在胯部有一定软开度的基础上，将双腿伸直向两旁分开，形成180°的姿态，注意保持身体直立，胯部外开，绷脚向外延伸（见图5-2-29）。在横叉的基础上，我们还可以进行压旁腿的练习，也可以将身体趴向地面，向前延伸，耗横叉。

图 5-2-29

（6）大踢腿：在儿童早期基本功训练中，提倡地面进行前、旁、后大踢腿。

前踢时，身体躺平，绷脚，双臂侧平，掌心向下，动力腿绷脚直膝由脚尖带动快速向上踢出，注意主力腿胯和屁股要紧贴地面（见图5-2-30）。

图 5-2-30

旁踢时，侧卧，肌肉收紧，保持身体直立状态，身下的手上位，掌心贴地板，另一手屈肘撑地。主力腿紧贴地面，动力腿绷脚直膝由脚尖带动快速向上踢出，脚背去找耳背后的方向（见图 5-2-31 和图 5-2-32）。

图 5-2-31

图 5-2-32

后踢时，双手撑地与肩同宽，头颈直，目视前方，手臂与身体、大腿与身体要完全垂直，主力腿跪于地面，动力腿绷脚胯外开向后伸直点地，向上踢起时正对后脑勺方向，不要掀胯塌腰（见图 5-2-33 和图 5-2-34）。

图 5-2-33

第四部分　儿童舞蹈创编

图 5-2-34

二、儿童舞蹈常用手部动作

(一)扩指

手腕下压,同时五指最大限度地用力张开(见图 5-2-35)。

图 5-2-35

(二)提压腕

提压腕分为提和压两个动作。手腕上提、手指自然下垂为提(见图 5-2-36),手腕下压、手指顺势上翘为压(见图 5-2-37)。注意,做提、压两个动作时,手臂和胳膊肘要保持稳定。

137

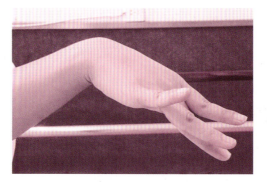

图 5-2-36

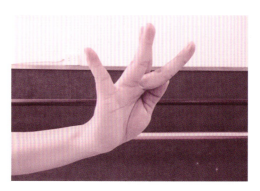

图 5-2-37

(三)波浪手

以手臂、手腕的上提、下压和手指的抓握、伸展的动作来表现波浪动作。大臂、小臂、手腕、手掌、手指要相互配合,使动作协调、过程柔和、连续不断,可以在任意方向做(见图 5-2-38 至图 5-2-40)。

图 5-2-38　　　　　图 5-2-39　　　　　图 5-2-40

(四)撩手

手臂自下经侧上撩至托手位,上撩过程中要求手掌向下,手腕上提,气息向外延伸,走最远的路线(见图5-2-41至图5-2-43)。

图 5-2-41　　　　　　　　　图 5-2-42

(五)盖手

手心向上,手臂自下向上经侧上撩至上位,再由上位经面前向下落至按掌位(见图5-2-44至图5-2-46)。

图 5-2-43　　　　　　　　　图 5-2-44

图 5-2-45　　　　　　图 5-2-46

(六)晃手

手或臂在身前划出一立圆即为晃手。可以以腕为轴用手做小晃手,以肘为轴用小臂和手做中晃手,以肩为轴用整条手臂做大晃手(见图 5-2-47 至图 5-2-49)。

图 5-2-47　　　　　　图 5-2-48　　　　　　图 5-2-49

三、儿童舞蹈常用下肢动作(步伐)

(一)小碎步

小碎步即小而细碎的舞步。在正步位的基础上,两只脚用前脚掌快速交替移动位置,任何方向都可以进行,一般在舞台上用来变换队形、变换方位。做时要注意膝盖放松微弯,脚腕稳定,身体不可上下窜动(见图5-2-50)。

(二)小跑步

像跑步一样,两只脚交替前迈,上肢可根据舞蹈情节做相适应的动作,这一舞步可表现儿童自然活泼的性格(见图5-2-51和图5-2-52)。

图 5-2-50

图 5-2-51

(三)蹦跳步

双腿微屈膝,经脚蹬地跳起,落地时脚掌落地微屈膝,可以双脚起跳双脚落,也可以单脚起跳双脚落,可以用此步伐表现兔子、青蛙等舞蹈形象,注意起跳和落地都要轻巧(见图5-2-53)。

图 5-2-52

图 5-2-53

(四)后踢步

一脚跳起时,另一只脚以膝关节为轴,小腿向后向上踢起,尽量绷脚,两脚交替匀速进行,落地时以前脚掌先落地为佳,上体微前倾(见图5-2-54和图5-2-55)。

图 5-2-54

图 5-2-55

(五)踵趾步

第一拍左脚脚跟向左前方伸出,同时右脚微屈膝,上体略向右后倾斜,第二拍左脚前脚掌向后点地,同时两腿自然伸直,上体略向左前倾(见图5-2-56和图5-2-57)。

图 5-2-56

图 5-2-57

(六)踮步

前半拍右脚前脚掌在左脚脚跟处踮一下,同时左脚稍稍离地,后半拍左脚踏下去,同时右脚离地,双脚交替进行(见图 5-2-58 和图 5-2-59)。注意要放松脚腕,膝盖放松但不是刻意弯曲,避免"跛"的状态。

图 5-2-58　　　　　　　　图 5-2-59

(七)跑跳步

正步位站立,双手叉腰,前半拍左脚向前轻跳,同时右脚自然提起,后半拍右脚向前落地轻跳,左脚自然抬起,双脚交替进行(见图 5-2-60 和图 5-2-61)。跑跳步很适合表现儿童的欢快情绪。

图 5-2-60　　　　　　　　图 5-2-61

（八）追步

正步位准备，右脚向右横移一步，左脚微屈膝后微跃起，第二步左脚向右脚靠拢，第三步左脚落地微屈膝，同时右脚向右又移出一步，一个追步就完成了（见图5-2-62至图5-2-64）。注意膝盖放松，不需要蹦很高。

图 5-2-62

图 5-2-63

图 5-2-64

四、儿童舞蹈基本舞姿

舞姿是手位、脚位、手形及身体姿态的综合运用,儿童舞蹈的基本舞姿主要来源于对各种生活动作的模仿和对生活动作的艺术性改造。

(一)叉腰式

男孩子是双手叉腰,四指在前、拇指在后,虎口叉于腰上,沉肩压腕,肘对正旁(见图 5-2-65)。女孩子也可以用手腕叉腰,即折腕用手背、手腕抵住前腰眼两侧(见图 5-2-66)。

图 5-2-65

图 5-2-66

(二)飞翔式

双臂在体侧做上下波浪动作,模拟拍翅膀飞的动作(见图 5-2-67 和图 5-2-68)。

图 5-2-67

图 5-2-68

(三)睡觉式

双手合掌在脸侧,头向手方向倾倒,做睡觉状(见图 5-2-69),或双臂屈肘于胸前,小臂重叠,双脚站开,与肩同宽,向左右两边移动重心,同时向重心方向轻缓倾头(见图 5-2-70)。

图 5-2-69　　　　　　　　图 5-2-70

(四)行礼式

男孩子双手交叉,掌心抚肩,向前弯腰(见图 5-2-71)。女孩子右手抚左肩,左手斜下 45°做提裙状,双腿微屈或右脚往左后撤一小步,向前弯腰(见图 5-2-72)。

图 5-2-71　　　　　　　　图 5-2-72

(五)托帽式

一手掌心向斜上方,一手屈肘,掌心托于脑后,做上托帽子状(见图 5-2-73)。

(六)迎风式

身体侧对1点方向,双臂做顺风旗手位,上身往1点方向拧,与山膀同方向的腿做前吸腿(见图5-2-74)。

图 5-2-73

图 5-2-74

(七)前进式

一腿弓步、一腿向后伸直,与弓步相反方向的手臂于胸前屈肘,肘对前方,另一手臂自然向后摆(见图5-2-75)。

(八)背手式

双臂微屈肘,使双手重叠背在腰骶骨位置,沉肩直颈,也可单手做(见图5-2-76)。

图 5-2-75

图 5-2-76

(九)指点式

手做单指状,可以指向任意方向,眼随手走,可以同时配合膝盖屈伸或步伐,用来表现看的动作(见图 5-2-77 和图 5-2-78)。

图 5-2-77

图 5-2-78

(十)娃娃式

双臂扩指,一臂上举、一臂旁平伸,与旁平伸同侧的腿做屈膝关胯侧抬,同时旁弯腰倾头,这个姿态一般与跳踢步配合,用来表现儿童欢快兴奋的情绪(见图 5-2-79)。

图 5-2-79

(十一)惊讶式

双手扩指,一手捂嘴、一手前伸,同时身体后倾,胯往前挺,一般表现惊讶的情绪(见图 5-2-80)。

(十二)飞机式

双臂侧平举,屈膝,腰向侧弯,可以配合快速均匀的步伐,一般用于模拟飞机飞行(见图 5-2-81)。

图 5-2-80

图 5-2-81

(十三)骑马式

一手空心拳压腕前平举,意指拉缰绳,一手单指上举,意指扬马鞭,脚下可以做骑马步(见图 5-2-82)。

图 5-2-82

(十四)托腮花形手

双手手腕相对,五指自然弯曲成花瓣状,托于下巴处,一般用来表现花草、可爱的宝宝等(见图5-2-83)。

图 5-2-83

(十五)脸前扩指

上身前腆,双手扩指,屈肘遮于脸前,一般用来表现小猫或表现惊喜的情绪等(见图5-2-84)。

图 5-2-84

(十六)胸前插花手

双手兰花指,屈肘相交于胸前,一般用来表现挺拔的姿态或植物形态(见图5-2-85)。

(十七)双点肩

双臂屈肘轻点于肩膀处,一般用来表现背物、背书包的状态,在维吾尔族风格舞蹈中较多见(见图 5-2-86)。

图 5-2-85

图 5-2-86

(十八)前旁伸手

双臂一前一旁,自下而出,一般与追步配合,表现欢快的情绪或用于队形的流动(见图 5-2-87)。

(十九)旁按掌

双手自然掌形或扩指,旁按于体侧斜下(见图 5-2-88)。

图 5-2-87

图 5-2-88

1. 根据文字提示，准确做出儿童舞蹈上肢、下肢、躯干及地面软开度训练动作，并在课后经常进行练习。

2. 儿童舞蹈常用基本步伐有哪些？

3. 儿童舞蹈常用基本手臂动作有哪些？

4. 儿童舞蹈基本舞姿有哪些？

第三节　儿童舞蹈教学方法

在舞蹈教学实践调研中，有老师认为教孩子舞蹈就是教会孩子一支舞蹈，让他们参加一下文艺会演或者参加个舞蹈比赛，有的老师甚至认为舞蹈教育是可有可无的，是可以用别的艺术形式来替代的，这样的看法根本没有认识到舞蹈的素质教育意义和美育意义，那也就无从谈起科学的舞蹈教育体系与教学方法。当老师在舞蹈教学过程中缺乏安全有效的教学方法时，会直接给孩子带来超越生理年龄的肌肉成型或韧带损伤，甚至是骨骼变形。如果教学方法不能贴合孩子的心理发展特点，就无法使孩子融入舞蹈学习的氛围，无法体会舞蹈学习给他们带来的真正意义。

本章将从儿童的生理学基础、心理学基础这两个方面来探讨安全、健康、快乐的儿童舞蹈教学方法。

一、科学安全的舞蹈训练

舞蹈是一种高级的艺术和运动的结合形式，它需要智慧、毅力、柔韧、强劲等多方面的基础素质。在舞蹈的整个过程中生理机能、心理活动都紧密相连，同时对于艺术的创造力又是以人的高级神经活动和复杂的心理活动相结合为基础的，而舞蹈动作的完成、姿态的塑造、技巧的展现都是以人体的肌肉紧张为基础的，只有具备灵活的骨关节和强健的肌肉能力，才能表现出优美的舞姿、轻巧的舞步和炫目的技巧。

(一)运动系统

舞蹈的动作和姿势变化的结构基础就是运动系统。运动系统由骨、骨连接、肌肉这三个部分组成，骨头起着支撑、杠杆的作用，骨连接起着动作传导作用，而肌肉则是运动动力的来源。

1. 骨头决定训练时间和训练强度

骨头化学成分包括有机物和无机物两类，它的物理性质由其化学成分决定，主要表现在硬度和弹性两方面。骨头的化学成分是随着年龄的增长而发生变化的，在儿童时期，骨头内有机物较多，故硬度小而弹性大，但是容易变形，因而舞蹈训练中老师要考虑到这一点，弯腰、压腿的训练时间不宜过长。

研究表明，健身运动（舞蹈、慢跑等）会使骨电解质含量和骨密度均值明显高于非运动者。在舞蹈训练的过程中，运动会促进骨头的新陈代谢，加快血液循环，从而在形态结构上产生良好的适应性变化，使骨头变得粗壮、坚固。但是不适宜的强度过大的运动训练，没有适当的休息，将会使骨头向不正常的方向发展。

2. 骨连接决定了柔韧性的训练

人体全身的骨骼之间由结缔组织和软骨组织相连，称之为关节。在舞蹈活动中关节的运动一般有：旋转，如手臂的绕动；屈伸，如膝盖的直立、弯曲动作；外展或内收，如手的波浪动作，等等。运动可使肌腱和韧带增粗、胶原含量增加、关节面软骨增厚、关节周围的力量增强，从而提高关节的稳固性，也增强肌肉和韧带的伸展性。虽然由于舞种的不同，进行的基础训练有所不同，涉及的关节种类和范围也有所不同，因此对关节的柔韧性作用也不尽相同，比如芭蕾基础训练和中国古典舞基础训练的训练要求就是各有所长，但是，以舞蹈的总体而言，都是通过柔韧性的训练，使肩、肘、膝、髋、手、足的柔韧性增强。

3. 肌肉决定了训练效果

与人体运动直接相关的肌肉是骨骼肌，骨骼肌收缩是躯体运动的动力来源。每一块肌肉都由肌腹和肌腱两部分组成，它们都能感受肌纤维张力和长度变化的刺激，将刺激传导到中枢神经系统整合调控，以实现肌肉之间的协调运动。骨骼肌主要的物理特性是具有伸展性、弹性、黏滞性。伸展性和弹性我们比较好理解，比如肌肉经过拉伸会使我们的肢体运动幅度增大，由大踢腿或下叉就可看出，经过了训练的人和没经过训练的人，这个幅度差别是比较大的。弹性指当外力解除时，我们被拉长的肌肉又可恢复原状，比如我们所说的"回功"。因此，在舞蹈训练中，肌肉的伸展性和弹性决定了我们的软开度训练需要长期不断的坚持。

而黏滞性则是指肌肉收缩或拉长时，肌群和肌纤维之间产生摩擦，会产生阻力，从而消耗额外的能量。肌肉的黏滞性与温度有关，温度低时黏滞性大，因此我们在带领儿童进行舞蹈训练时，必须做好充分的准备活动，比如课前慢跑、开合跳等，来让我们的身体先苏醒运动起来，体温增加，从而减小肌肉的黏滞性，提高肌肉收缩和放松的速度，既可避免肌肉拉伤，也能提升训练效果。

（二）神经系统

躯体运动是行为的基础，在日常生活、工作、运动中，人体所进行的各种形式的运动，包括各种姿势，都是以骨骼肌的活动为基础的，而骨骼肌的舒张、不同肌群之间的配合，均有赖于神经系统的调控，才能使动作具有准确性、协调性。不同的肌肉进行交替收缩而不是同步收缩,所以肌紧张能持久维持而不易疲劳,它是维持躯体姿势最基本的反射活动,在舞蹈活动中就是保持各种姿势、姿势造型等。

在软开度训练中更得遵循肌肉、神经的生理活动调节。肌肉在进行强烈牵拉时会产生舒张反应,我们称之为反牵张反射,其生理意义在于缓解由外部牵拉传入所引起的肌肉收缩及其所产生的张力,避免过度牵拉对肌肉的损伤。但这种反射的自我保护作用是有一定限度的,尤其对于儿童舞蹈训练来说,运动之前应做好充分准备,使其运动逐渐增强,否则运动强度突然增加,超过肌肉、神经机体本身的代偿强度,会导致肌肉拉伤。

我们还需要了解到,脑干调节肌紧张,对我们的舞姿训练起作用,同时也参与了躯体协调性调节。小脑有维持身体平衡、调节肌紧张、协调随意运动等功能。舞蹈、艺术体操等精巧运动的学习与训练过程中,就是由小脑不断接收感受器传入的运动和动作的偏差信息,逐步修正运动过程中所发生的偏差,使运动逐步协调起来。

综上所述,人体运动的协调和姿势平衡,是整个脑部和神经系统的密切配合的结果,舞蹈这种艺术性的运动则是全面调动大脑运动系统,在发动骨骼肌运动的同时,促进大脑为中心的中枢神经系统结构发育及其功能的发展。因此,科学而安全的儿童舞蹈训练,具有发展其智力、启迪儿童心灵与智慧、提高儿童运动活力和身体素质等多方面的积极作用。

二、快乐健康的舞蹈教学

舞蹈作为一种技能,既是身体活动的方式,也是一种心智活动方式。舞蹈动作是肌肉、骨骼与神经系统相配合的运动,但它不孤立于身体之上,而是与心理活动结合在一起的。因此,快乐健康的舞蹈教学组织目的在于在引导孩子参与艺术性活动时,促进孩子的心理发展和性格塑造,真正在孩子的心灵中打开一个美妙神奇的童心世界。舞蹈教育的教学过程是一个针对目标人群的相互活动过程,在儿童舞蹈教育过程中,儿童是舞蹈教学的主体,舞蹈教师是教学的主导。从事儿童舞蹈教育的老师应该采取符合幼儿生理和心理特点的、启发式的口传身教教学法,有目的、有计划地传授、指导、启发,激励儿童主动学习舞蹈的积极性,开发儿童的个性,并教会他们如何去表达自己以及如何感受、表现音乐,学会如何用舞蹈讲述一个自己熟悉的故事。提升到一定高度上来说,是通过舞蹈表现民族文化,提高儿童智力和创造力,引导儿童心理良性发展,让儿童在安全、健康、快乐中享受舞蹈,而不仅仅是机械地做动作。

本小节将从儿童舞蹈教学中动作形成的3个阶段来分析儿童舞蹈教学方法。

(一)教授新动作——泛化过程

在舞蹈训练中,学习任何一个动作初期,通过教师的讲解示范以及学生自己的练习实践,都只能获得感性认识,对动作技能的内在规律并不是完全理解,我们称之为泛化阶段。这个时期的动作往往费力而僵硬、不协调,出现多余的动作。

(1)在这个过程中,舞蹈教师应该抓住动作的主要环节和主要问题进行教学,采用简练的讲解和正确的示范,不应过多强调动作细节。

(2)动作规格和概念要有步骤地提出。新动作的学习不能一蹴而就,不能将全部要求一股脑儿全部倒给学生,这会让学生记不住,也达不到预期的效果。一个新动作的学习往往先是会做,然后到比较好,最后才达到精美。比如以地面压腿为例,先要让学生找到伸腿坐、腰椎往上拔的感觉,再找膝盖伸直、膝盖窝贴地的感觉,呼气与下压动作配合,最后才是完整练习压腿动作。

(二)纠正动作——分化过程

舞蹈动作在经过一段时间的训练后,初学者对动作技能的内在规律有了初步的理解,一些不协调和多余的动作逐渐消除,由泛化阶段进入分化阶段,能比较连贯和顺利地完成完整的动作,但是动作定型还未巩固,一旦周围有新的刺激,比如旁观的人较多,则又会产生多余的动作和错误的动作。

(1)在此过程中,舞蹈教师应该提示学生集中精神,体会动作细节,注意对多余动作和错误动作的对比纠正,使动作更准确稳定。

(2)教师要有计划、有重点,在上课前或者在上一次课后能预见学生在训练过程中会出现的问题和毛病,在备课时就计划好这节课的重点是纠正哪些动作,或者哪些学生只需要口头提示,而哪些学生是需要着重指导纠正的,使这些重点动作给其他同学留下深刻的印象,使他们能从他人的毛病中汲取教训。并且,为了使重点纠正的效果得以巩固,教师可以在学生练习的过程中进行言简意赅的口头提示或者动作提示,让学生和老师建立默契,一个眼神就能让学生心领神会。

(三)示范动作——巩固过程

通过进一步反复训练,运动条件反射系统已经巩固,进入了巩固的动作定型阶段,此时不仅动作准确、优美,而且某些环节的动作还可出现自动化,即不必有意识地控制就可以完成动作。但动作练习到巩固过程也不是一劳永逸的,如果不再进行练习,巩固了的动作还会消退,动作越复杂、难度越大,消退就越快。因此,舞蹈教师在教授新动作后,要顺便复习旧动作,有利于动作定型的巩固和动作质量的提高。

(1)示范是巩固过程中的重要手段。在教学中教师要用生动的形象去指导和启发学生,用充沛的感情与热情进行动作准确、节奏鲜明的示范,可以示范单一动作或组合动作,也可由教师带领学生一起做,或者选择优秀的学生来进行示范。让学生有对比、有模仿,也能更好地激励学生进行更多的练习。

(2)严要求,找差距。没有严格的要求,不进行严格的训练,就不会有高质量的动作。要根据学生的能力,在他们力所能及的范围内提出训练要求,如地面前压腿时,要求下压时膝盖伸直是所有学生都能做到的,但是腹部紧贴大腿对于不同的学生却有差距,这就不能一刀切,要根据学生的柔韧度,提出不同的要求,让他们每一节课都有能力的提升但又不超出自己最大的能力。

综上所述,在儿童舞蹈的教学实施中,所有动作和技巧都是在全身各系统对肌肉等运动系统的支持和协调下完成的,而儿童的运动系统,总体而言,他们的骨骼比较柔软、有弹性,脊柱的弯曲还没有完全定型,椎骨还未完全骨化,股骨承受压力的能力较差,足弓的肌肉和韧带也较弱,儿童的肌肉耐力、心血管系统耐力甚至呼吸系统耐力都还较弱,因此不适合长时间、高强度的训练。因此,儿童舞蹈教师应严格掌握训练的方式、时间、强度,不应采用适于成人、青少年的训练内容和训练原则,应遵循先练大肌肉再练小肌肉的原则,并且在每次课后教师要带领学生进行肌肉放松活动,教授其肌肉放松方式,提高了肌肉的放松能力才能提高其运动能力。

1. 在儿童舞蹈课堂教学实施过程中,我们应该遵循什么样的训练原则?
2. 儿童在对一个新的舞蹈动作进行学习时,会经历哪几个过程?

第四节　儿童舞蹈创编

儿童舞蹈是舞蹈艺术发展长河中一朵美丽的但也是脆弱的浪花,它是特殊的但也是普遍的,特殊是因为它的受众特殊,普遍也是因为受众普遍。儿童的身心发展的特殊性,和儿童舞蹈学习的普遍性,都决定了儿童舞蹈教育的研究任重而道远。作为一名儿童舞蹈教育实施者,需要学习、了解、研究更多儿童舞蹈的知识。

作为一名合格的儿童舞蹈教师,创编基础知识和鉴赏能力是不可或缺的。现如今的儿童舞蹈创编大多使用的是动作加动作式的堆砌编排方法,在动作语言的运用、编排创意以及表现手段上极易成人化,儿童的天性容易被忽略和限制。

优秀的儿童舞蹈编导是个人才智和技法的统一结合,二者不可分割,短期的训练也难以奏效,纯粹的技法理论学习也是难以达到实用目的的。本节希望通过实例分析,增强大家对创编技法的认识,使学习者了解基本的创编规律,了解舞蹈种类、题材选择、舞蹈构思、舞蹈结构、音乐选择、形象动作、主题动作、变化动作、队形调度等各方面的知识。

一、儿童舞蹈创编基本理论

(一)舞蹈题材的选择

从表演形式上来说,单、双、三人舞和群舞都是经常见到的。从表演风格上来说,有民族舞、古典舞、芭蕾舞,以及一些流行舞蹈,比如爵士舞、拉丁舞等。不管是何种表演形式或表演风格,一个舞蹈的创编首先要确定的是选题。

儿童舞蹈的创编选题和儿童舞蹈的教学实施都要以儿童心理年龄特征和生理发展特点为依据和出发点,这样的教育活动才容易成功。儿童对于世界的认知还处于感性的认知阶段,那些他们直接接触过的事物才容易被记住,那些概括性高、比较抽象的是难以记住的,并且其情绪和意志行为也受客观感知的影响。打个比方,你让孩子想象面前是威严而圣洁的雪山,他们的动作和表情要饱含敬仰向往之情,可能会有很多孩子达不到这个要求。孩子的生活丰富多彩,任何一件发生在孩子身上或周围的事都能成为儿童舞蹈创编的素材。作为儿童舞蹈的编导,我们要有一颗童心,以一双孩子的眼睛去发现事物的美。最常见的就是直接对孩子本身的形象或者是生活片段进行提炼加工,用夸张的肢体动作或表情来表现儿童的形象。比如曹尔瑞老师的舞蹈作品《宝宝会走了》,就是利用了大人、小孩都熟悉的儿童生活场景——宝宝在成长过程中的翻、爬、走的学习过程,着重描画了宝宝学走的过程,并且将之升华为大寓意——宝宝在学步的过程中一次次摔倒、哭闹,但是又一次次坚强爬起,有妈妈疼爱、鼓励,有小伙伴互帮互助,让大人、儿童都如同看到自己,儿童看到的是自己也有过的熟悉场景,而大人可能会感触更多——宝宝学走遇到的困难就如同人生道路上的一次次磨炼,虽会荆棘丛生,但是有家人、朋友的帮助,我们终将有勇气克服重重困难。在这个舞蹈作品中,很少用到整齐划一的动作,都是小宝宝在生活当中的常见动作,比如摇头蹬腿、爬行、蹒跚学步、挥舞小手等,但每一个动作都抓住了宝宝憨态可掬的神态,外加适合的服化道比如虎头鞋、虎头帽、玩具球等,用宝宝"真"的形象,让我们看到了"美"的画面,同时感受到了"善"的共鸣。

(二)舞蹈音乐的选择

一支成熟的舞蹈作品,必定是听觉艺术与视觉艺术的完美结合。舞蹈虽然是靠肢体动作表达情感,但是音乐是其增强、渲染情感最重要的武器,不可或缺,两者相辅相成。而在儿童舞蹈的创编中,合适音乐的选择更为重要。因为儿童的认知能力不同于成人,他们的认知水平有限,对音乐的节奏、音乐情绪的把控不会很精准,因此音乐的选择在适合题材的前提下,应尽量选择节奏清晰的,有明显突出的节点、重拍、重强音,来提醒儿童做动作的快慢缓急的变换,有利于儿童更好地掌握节奏、表现动作。

其次,儿童舞蹈音乐要旋律好听、易记,乐句短小,适合儿童哼唱,儿童听几遍就容易熟悉乐句。记住音乐能增强对音乐的理解,才能更好地表现出舞蹈动作。旋律易记也能让观众加深对舞蹈作品的印象,便于舞蹈作品的传播推广。

最后,音乐形象要突出,与舞蹈题材相符,便于儿童理解。比如儿童舞蹈《我不上你的当》,首先歌词就具有叙事性,时间、人物、事件都表达得很清楚,塑造了三个人物形象——妈妈、我、坏人,音乐动听,节奏富有动感,动作创编时就可根据人物形象及事件发展来进行,非常受学生喜爱。

(三)主题动作的设计

舞蹈是形象艺术、形体艺术,不能靠语言解说,尤其在儿童舞蹈中,因为受众的特殊性,一个舞蹈动作出来要让观众和表演者很清楚这塑造的是什么形象、表现的是什么情绪。比如手臂在体侧做上下波浪,脚下小碎步,儿童一看就明白这是小鸟飞;如果脚步轻快一点,表情兴奋,那一定是小鸟在快乐地飞。因此,在儿童舞蹈中,舞蹈动作的塑造必须更鲜明、简洁,情绪的表达必须更贴近儿童的生活、心理,这样他们才能有感而发、情能动人。一个好的舞蹈作品是动作加动作的堆砌、重复吗?当然不是,就如同一篇美文的造就,不是华丽辞藻的堆砌,而是有一个主题思想,再根据这个主题去描写,舞蹈的创编也是如此。我们确定了题材,那就要提炼一个主题动作来表现它,这个主题动作在舞蹈中不是闪现,而是不断地重复、再现、变形、延伸。那么儿童舞蹈主题动作如何提炼呢?最重要的是创作者得设身处地地体验舞蹈题材中的人物形象、心理状态,找出合理的外部表现动作。还是以舞蹈《宝宝会走了》为例,这个作品的人物形象是学走的宝宝,主题动作就是学走路,儿童顶胯、板腰、梗头、扩指前伸、摔坐屁股蹲儿一气呵成就成了主题动作。整个作品中这个动作出现了很多次,让人印象深刻。加上快速爬行、直膝快速行走,表现了宝宝想走稳但腿脚不受控制的感觉。主题动作多层次变形,一个学走路的宝宝形象就跃然而出了。

(四)设定舞蹈框架和分段结构

舞蹈的框架和分段结构就如同一幅美术作品的构图和一篇文章的提纲,它是丰富舞蹈形象和提升舞蹈内涵的基础。设定舞蹈的框架和分段结构就是将我们之前确定的题材做一个具体规划和安排的过程,初步设计舞蹈情节、队形的变化、舞台调度、音乐的分段和动作等。再好再美的舞蹈动作失去了舞蹈结构的支撑都会变成平铺直叙,而变成动作的堆砌。以《宝宝会走了》为例,它的分段结构设计如表 5-4-1 所示。

表 5-4-1 《宝宝会走了》分段结构设计

分 段	时 长	内 容	动 作 表 现
A段	17秒	由童谣引出主题	整体单一造型,点明舞蹈形象
B段	30秒	主题动作呈现	爬行,顶胯、板腰、梗头、扩指前伸、摔坐屁股蹲儿
	17秒	宝宝爬行玩乐过程	爬行,推球玩
	1分钟	由爬到迈开腿自己学走路的过程	手扶地蹬腿,直膝行走,蹬地摔坐,分组单个呈现
	1.5分钟	学走过程中,妈妈对宝宝的鼓励	主题动作由单个呈现到分组交替呈现再到集体呈现
C段	1分钟	童谣再现,宝宝和小伙伴玩闹、互助	扩指前伸、直膝行走,主题动作反复呈现

二、儿童舞蹈创编实操

在设计儿童舞蹈表现的动作时,应考虑到儿童的年龄特点,注意儿童舞蹈的生理性和生活性,了解儿童的生理、心理特点,儿童实际动作的平衡能力、控制能力都较差,所以应选择简单、生动、明快、富有儿童情趣和灵活气息,具有形象性,能反映儿童天真、活泼的性格和内心世界的动作。儿童好奇、好动、好模仿,有时会无意识地手舞足蹈,所以儿童舞蹈动作还应以模仿、律动、歌表演、集体舞为主。生活中的拍拍手、跺跺脚、跑一跑、跳一跳是儿童舞蹈动作的原型,把动作加以提炼,使其变得活泼、夸张,力求舒展、开放,节奏鲜明、欢快,儿童表现起来也更有感染力。

(一)舞蹈动机的产生

首先我们要明白,舞蹈动机并不是心理学中所说的动机。舞蹈动机是塑造舞蹈形象、主导舞蹈主题发展、统一舞蹈风格、发展舞蹈语言的中坚力量。它是一个动作,不是一个造型,长度不少于2拍,不多于6拍,从艺术形象上来说分为形象动机、情绪动机、含义动机、节奏动机四类。

形象动机顾名思义是以某一舞蹈形象为主要特征的动机,它可以是人物、人性化的事物甚至是人性化的自然现象等。这里有一个前提——人性化,当要表现形象动机时,那些物化、非人性化的事物都要先进行人性化的转换才能得以呈现。比如作品要表现雨夜的形象动机,虽然不能直接以人的肢体动作表现雨夜,但是却能以雨夜中人的境遇、反应、感受来表现。

情绪动机是指某种特定的情绪,比如喜怒哀乐、爱恨情仇。情绪动机是比较容易捕捉和表现的,但是要注意突破常规表现、独辟蹊径。

含义动机是指表现人物的内心状态或生命感悟的动机。它具有内在心理的外在表现性,而内在心理是变化多端、没有定型的,因此给编者的可能性也是最多的。比如就"喜"而言,有喜笑颜开的"喜"、惊喜的"喜",还有喜极而泣的"喜",有太多可能。

节奏动机是指具有特殊节奏型的动机,它承担某一特殊形象标志性节奏的功能。节奏动机的节奏型不能变,但是完成节奏型的具体部位或是力度、空间还是能有较大变动的。比如一个节奏动机由脚踏地板完成,在动机发展变化过程中我们也能以手拍打身体其他部位完成。

(二)舞蹈动机的发展变化

1. 单一到复合

比如动机是由单手单脚完成,可以变成单手双脚甚至加上躯干动作去延伸,上跳、下蹲、拧左、转右都可以。

2. 调整动机的内部顺序

比如做了一个"找寻"的含义动机,先由眼睛从8点斜上方慢慢看至2点斜上方,再伸出右手指向2点方向。在变化中可以先实现"寻"的动作,再来定格"找"的姿态。

3. 保留部分,改变部分

在舞蹈动机中保留原型动机中最主要的部分,其他部分可以做变形、省略等。

4. 多次重复

重复是动机产生质变的最直接方法。一个动机重复三遍以上，会呈现出编导强烈的表达意图，从而达到不一样的情感效果。

5. 原型动作有难度地发展

原型动作的某一部分加大难度，如增加旋转、跳跃等，其他部分不做改变。

6. 节奏变化

动机原型的节奏时值或节奏强弱发生改变。

7. 空间变化

动机原型在低、中、高和宽、深、高的空间里发生一定改变。

8. 力度变化

整个动机或动机的一部分的力度强弱发生改变，从而改变动机的质感。

（三）舞句

舞句是舞蹈中的一个基本单位，舞句的长度相当于一个乐句的长度，它是将前期的动机发展变化有机结合起来，形成句子的感觉。一般来说，每一句中有一个动机原型，根据句子的表现需要在前后有铺垫动作，这些动作可能是动机的延伸或者是新因素，总之，舞句动作与动作之间的连接是有传承和联系的，最终表达一个意思。

比如"美丽的孔雀在湖边快乐舞蹈"，便是一个舞句要表达的内容。"美丽孔雀"是形象，"快乐"是情绪，"舞蹈"能体现节奏，表现本体与倒影之间的差别，"湖边"可以作为空间变化的依据。

（四）舞段

舞段相较于舞句来说，它表达了一个比较完整的舞思，塑造了比较完整的舞蹈形象，是一个独立的结构单位。它的构成是两个或两个以上舞句的相加，强调句子与句子之间的动作连接和传承。经过实践总结，以下介绍一个比较适合编排新手的舞段创编方法。

1. 确定主题造型

首先根据题材、动机来确定一个主题造型。在这个造型的基础上，再放松回到自然体态，用最慢的速度按照刚才造型的动作路线运动到造型，我们会发现一个造型其实是由许多动作构成，再把这些动作进行筛选、重组，然后合理地连接起来，就形成了一个舞句，这个舞句暂且称之为主题舞句。

2. 发展造型，连成舞句

根据主题造型再变化出多个造型，不要多于8个，最好有空间上的变化，把这8个造型流动连接起来，也形成了一个小舞句，我们称之为舞句一。

3. 改变顺序,重新组合

将主题舞句与舞句一的动作打散、糅合,再重新流动连接,形成新的舞句,我们称之为舞句二。

4. 多方位延伸舞句

将主题舞句、舞句一、舞句二这三个舞句依据前面所讲的舞蹈动机发展变化方法,在力度、空间、节奏、重复等方面将每一个舞句做发展延伸,达到一定长度,就形成了三个独立但又具有一定联系的舞段。

(五)队形编排

队形的编排必须从舞蹈作品的内容和塑造的人物形象出发,选择与舞蹈动作相结合的空间运动路线,比如当脚下的步伐移动距离比较大时,往往都需要配合队形的变换。常用的舞蹈构图方法有以下几种。

(1)横排或竖列或斜线。这都是直线运动所形成的,斜线和竖列能表现出强劲有力的动势,而横排则比较平稳缓和。横排可以变化成多排(见图5-4-1),斜线可以变化成"八"字形。

图 5-4-1

（2）直线、斜线与圆形曲线相结合。舞蹈队形的流动变化要有各种线路的相间交叉，不能一种线型贯穿始终（见图5-4-2和图5-4-3）。

图 5-4-2

图 5-4-3

（3）讲究平衡统一、空间交融。也就是说队形的流动要流畅简洁，地面的、空中的、台前的、台后的要相互协调，符合艺术形式的对称协调之美（见图 5-4-4）。

图 5-4-4

三、儿童舞蹈的种类及其创编要点

（一）自娱性舞蹈

1. 律动

律动是最易操作上手、运用最广泛的儿童舞蹈类型，主要分为节奏律动和模仿律动两种。律动是在音乐或节奏的伴奏下，根据音乐的性质、节拍、速度做有规律的动律性动作，主要是培养儿童的节奏感，训练儿童肢体大动作的协调性和形象模仿能力。在创编律动时，首先我们要明确此次律动是为了训练儿童的哪一方面。如果是为了培养儿童的节奏感，我们就可以创编节奏律动，多用一些走跑跳、拍手、点头等简单而富有节奏感的动作；如果是训练儿童的形象模仿能力，就可以创编模仿律动，模仿动物，模仿生活动作，模仿各种现象，比如猴子、大公鸡、风吹、雪花飘、老爷爷等。根据律动的这些特点，我们就要选择富有动感、节奏鲜明，并且具有表现性的音乐，然后根据训练的目的，找出所表现事物或模仿对象的最突出特征，设计出律动感强的形象动作，再根据前文学习的创编方法，将形象动作进行变化，根据音乐的节奏或结构进行动作的分段或连接，并根据人体的运动规律使动作连接流畅、易于上手。

律动《拍手歌》如图 5-4-5 所示。

图 5-4-5

2. 集体舞

集体舞是人数较多的儿童共同参与,有较多队形变换,以一组动作反复进行的自娱性集体舞蹈形式。集体舞一般运用于大型活动开幕式,如运动会班级入场表演、大课间班级集体活动等。在集体舞的创编过程中,我们要抓住两点最重要的:第一,集体舞人数较多,队形变化也多,因此队形变化要巧妙、流畅、清晰,才不会有混乱的感觉;第二,集体舞是人数较多的自娱性舞蹈,因此可以弱化动作难度,加强舞伴间的交流、交换。

集体舞《拍拍手》

集体舞的形式通常是圆圈形、四边形、线条形或者几人小组形,根据参加人数的多少来选定。集体舞应根据舞蹈的特点和参加表演的儿童的年龄特点,灵活地运用队形流动变化和舞伴交换。队形变化一般有直线变换、弧线变换、S线变换。

集体舞的动作创编要简单形象、欢快活泼,上下动作清楚,左右动作分明,步伐不宜过多,队形变化不宜繁杂,画面要清晰优美。

集体舞《一起跳》如图 5-4-6 所示。

图 5-4-6

3. 歌表演

歌表演是以唱为主、以动作为辅的载歌载舞的表演形式,"表演"为"歌"服务,动作为内容服务,是为更好地理解歌曲内容、表现歌曲主题而表演的。

表演唱《最好的我们》

在歌表演的创编过程中,首先要正确理解作品的主题思想,准确创造典型形象,根据歌词和旋律、节奏,配上简单优美的动作,动作要形象简单,必须注重表情,队形和角色的安排变化要简单易记、适合儿童。

4. 音乐游戏

音乐游戏是舞蹈和游戏相结合的集体娱乐活动形式,以发展儿童某一方面的音乐能力为主。比如听到某种乐器声音做出某种动作,或听到某个节奏反应出某种动作。首先,音乐素材应该形象鲜明、段落清晰,适合自己的教学目的,能随音乐的变化想象并表现游戏环节。其次,创编过程中要注重设计游戏玩法与规则,与儿童的理解能力相适应。最后,舞蹈动作的设计要具有趣味性与普适性,让所有儿童都有兴趣做并能做出来。

音乐游戏《小兔乖乖》如图 5-4-7 所示。

图 5-4-7

(二)表演性舞蹈

表演性舞蹈主要分为情节性舞蹈与情绪性舞蹈两大类。

情节性舞蹈带有叙事性,通过舞蹈中的情节事件来塑造舞蹈人物形象,表现舞蹈作品的主题内容。而情绪性舞蹈没有具体情节,没有特定的人物形象,以抒发情感为主,以典型的舞蹈动作、队形流动、画面构图为情绪抒发载体,表现主题。

情绪性舞蹈《岁月如歌》

表演性舞蹈创编的前提是有合适的编舞题材与音乐,有巧妙的构思,舞蹈结构清晰,舞蹈动作鲜明有趣。具体创编方法参考本节儿童舞蹈创编理论和

儿童舞蹈创编实操。

四、儿童舞蹈的排练与演出注意事项

(一)排练

(1)演员的挑选。一个舞蹈作品要有好的呈现,没有好的表演者来演绎是不行的。要根据舞蹈作品的内容、风格先进行身高的挑选,比如活泼的、灵巧的舞蹈风格,我们就尽量选择个头适中、身材纤细的学生。然后再来挑选具有适当悟性、接受能力、节奏感、心理素质和表现力的学生。学生的这些基本信息我们在平时上课的过程中就应该有所了解,也可以用作品中的某些代表动作或者具有一定难度的动作来对所有的学生做一个现场小测试,挑选最适合的表演者。

(2)整体音乐的分析和感知。动作排练之前,对舞蹈音乐的整体感知是必不可少的环节。在感知音乐的时候老师是儿童的引导者,首先第一遍听时用语言引导儿童听出音乐的段落,再次听时老师可以用语言描述每一段落的情绪或表现内容。在听的过程中让儿童对音乐的节奏有初步的了解。

(3)分段排练。将组合动作分解成单一动作,将难度较大的动作分解成局部动作,比如上肢、下肢分解练习。儿童的感知、理解力、记忆力都是有限的,在排练的过程中一定要遵循由简至繁的原则。队形编排和动作学习可以同时进行,把队形安排好之后再学习该队形上的动作,可以让儿童记忆更深刻,也提高了排练的质量。

(4)教师示范指导。在分段排练动作的过程中,老师不仅要用语言描述动作,更重要的是做出示范,每一个动作都给学生一个标准、一个参照物。对于理解能力有限的儿童来说,必须要给他们最直观的示范,才能让他们理解动作、表情、状态、眼神甚至动作力度。

(5)练习熟练。把剧目分段细抠,不要采用一遍一遍从头到尾的疲劳战术。在分段排练的过程中就要及时发现学生的错误并及时纠正,不要将错误留到熟练阶段再纠正。因为第一次跳的动作是记忆最牢固的,如果开始动作就有错误没到位,每一次熟练练习时动作多半也是不到位的,在后面老师要花更多的精力来改正动作。因此,在分段教授的阶段就要细致规范,一个动作完成之后再教下一个动作。

(6)加强指导,精细打磨,使情绪、表情、眼神达到更高要求。对舞蹈作品中的主题动作、难点动作、精彩动作做进一步的细排,每一个动作中的细节都要进行固化,可以以动作定型、队形流动来进行练习。

(二)演出

(1)明确时间、地点。时间、地点要提前一段时间通知儿童及其家长,并在演出当天再次确认。明确演出流程及具体的节目顺序。

(2)明确妆发、服装、道具要求。道具在排练时就要准备好,并且要多备几个,演出之前再次检查每个孩子的道具,看是否需要维修或替换。统一准备服装、妆发,并且要给孩子做好后勤服务,带好他们自己的衣服,预备一点方便快捷的饮食,能随时为他们补充能量,并且能在演出结束之后快速穿好衣服保暖,这在天气恶劣的时候尤为重要。

(3)正式演出前带妆提前走台。准备好妆发、服装、道具后,与场地方协调好,演出开始前提前到场,让孩子带妆、带道具像演出一样表演一次,走一遍台,在有失误或不理想的地方可以单独着重重复几次,明确孩子下台的礼仪,让孩子对场地、对氛围有一定的适应。

(4)组织好台前幕后的纪律。演出开始后,在演员休息室组织好孩子们,不要喧哗、不要闲逛,可以带孩子们做一些放松的小游戏。提前2~3个节目到幕后准备上台,上台之前再次检查他们的道具、服饰。

(5)表演完的下台礼仪。不论是造型结束还是动作下台,是关上幕布还是熄灭顶灯,所有演员都要轻巧、迅速按规定路线快速退到幕后,不能喧哗杂乱、拉扯边幕。

五、儿童舞蹈组合实例

舞蹈组合是指两个以上的舞蹈动作被组合在一起,形成一组新的动作,它包含最简单、性质单一的动作连接,也包含复杂的、多种性质的动作,用来达到某种训练目的,或风格或技巧,或是表达一段舞蹈的思想内容。

(一)幼儿舞蹈

动作说明:感受3拍子的节奏特点,做好小碎步及2个基本舞姿。

预备姿势:2人1组,面对面正步站立,双手叉腰。

前奏:2人面对面做拍手、左右倾头的动作。

①1～6拍:1～3拍双手经体前交叉,慢慢向上分开至斜上,4～6拍抬头,挺胸,保持上身造型,脚下小碎步。

②1～6拍:重复①的动作。

③1～6拍:1～3拍双手扶肩,留一点胸腰旁腰,小碎步向右自转1圈,4～6拍拍手,左右倾头。

④1～6拍:反方向重复③的动作。

⑤1～6拍:1～3拍正步半蹲,左手侧平举,右手食指指向前上方,点1下(点的同时,上体与食指微微左摆),目视右手方向。4～6拍上体与食指微微右摆。

⑥1～6拍:1～3拍手臂胸前交叉,手扶肩。一学生左脚向后撤一步成跪立,另一学生半脚尖直立,4～6拍两人互换动作。

⑦1～6拍:半脚尖向右自转1周,手臂经上打开。

⑧1～6拍:1～3拍右脚向右迈1步,右脚脚尖点地。右手经体前扶于左胸上方,左手侧下举,上体略右倾。4～6拍重心移至右脚,左脚跟起,同时左手经体前扶于右胸上方,上身略左倾,姿态结束。

(二)少儿舞蹈

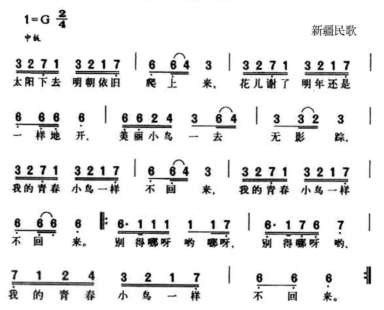

动作说明:感受维吾尔族舞蹈风格及音乐的魅力,会做踏点步、托帽式、移颈,2/4拍节奏。

预备姿势:全体学生沿顺时针站成单圆队形,面向圆心。右脚在前,踏步站立,左臂胸前平屈,左手伸展于颚下,手心向下。右手置于头上方,手心向上,成托掌。

①1~8拍:保持手臂动作,做踏点步8次,每一拍前半拍,右脚向左前方踏步,左脚离地,同时颈部向右移动。后半拍,左脚落地,右脚离地,同时颈部向左移动。

②1~8拍:第一拍前半拍右脚向前踏一步,左脚离地,上体略前倾,双手于左前方手心向上,目视左前方。后半拍,左脚落地,右脚离地,手的姿势不动。第二拍前半拍右脚脚掌后踮步,左脚离地,右臂屈肘,右手移至右耳旁,左手移至左上方,双手同时翻腕,成托帽式,目视左上方。后半拍,左脚落地,右脚不动,手的姿势不动。3~8拍重复1~2拍的动作。

③1~8拍:右脚在左脚后做踮步,一拍一踮。踮步时,左手于体侧手心向上,模仿托篮动作,右手于右上方模仿摘葡萄动作,目视右手。再踮步一次,右手移至左手处,模仿放葡萄动作。3~8拍重复1~2拍的动作。

④1~4拍,前后踮步,一拍一次,双手于体前手心向上模仿托篮动作,上体略前倾,再两臂上举,将篮举至头上方,略抬头。第3拍脚下和第1拍一样,上身姿态保持不变,第4拍上半身姿态还原至准备位,同时右脚后撤跪地。

课后思考与练习

1. 请写出曹尔瑞老师的儿童舞蹈作品《小蚂蚁》的分段结构。
2. 一个舞蹈节目的创编有哪些步骤?
3. 选择不同风格的音乐,分组进行舞蹈创编队形流动练习。
4. 选择不同风格的音乐,进行舞蹈动机及发展的实操训练。

参考文献

[1] 张跃馨.芭蕾基训[M].重庆:西南师范大学出版社,2018.

[2] 曾明慧,余凯亮.中国古典舞身韵[M].重庆:西南师范大学出版社,2018.

[3] 陈康荣.舞蹈基础[M].2版.上海:复旦大学出版社,2012.

[4] 卞玉丹.舞蹈[M].武汉:武汉大学出版社,2012.

[5] 杨秀敏.舞蹈基础[M].上海:上海音乐学院出版社,2012.

[6] 张珂.舞蹈创作手法的运用与研究[D].山东师范大学,2013.

[7] 刘芳.中专舞蹈专业软开度训练策略研究[J].时代教育,2017(14).

[8] 周炳元.高职学前教育专业舞蹈教学研究[D].东北师范大学,2011.

[9] 吴彬.舞蹈(基础版)[M].北京:高等教育出版社,2006.

[10] 田培培.形体训练与舞蹈编导基础[M].上海:上海音乐出版社,2008.

[11] 潘志涛.中国民族民间舞教学法[M].上海:上海音乐出版社,2004.

[12] 吕艺生.舞蹈教育学[M].上海:上海音乐出版社,2000.

[13] 王克芬,隆荫培.中国近现代当代舞蹈发展史[M].北京:人民音乐出版社,1999.

[14] 王淑月.少儿舞蹈[M].长沙:湖南文艺出版社,2002.

[15] 孙庆龙.动作结构在舞蹈创作中的作用研究[D].东北师范大学,2010.